岭南师范学院出版基金（CB1096）资助出版

中小学体育课程内容衔接研究

梁立启　著

北京体育大学出版社

策划编辑　王英峰
责任编辑　王英峰
责任校对　潘海英
版式设计　博文宏图

图书在版编目（CIP）数据

中小学体育课程内容衔接研究/梁立启著．－－北京：北京体育大学出版社，2019.11
ISBN 978－7－5644－3253－9

Ⅰ.①中… Ⅱ.①梁… Ⅲ.①体育课－教学研究－中小学 Ⅳ.①G633.962

中国版本图书馆 CIP 数据核字（2019）第 251041 号

中小学体育课程内容衔接研究　　梁立启　著

出版发行：北京体育大学出版社
地　　址：北京市海淀区农大南路 1 号院 2 号楼 4 层办公 B－421
邮　　编：100084
网　　址：http：//cbs.bsu.edu.cn
编 辑 部：010－62989415
发 行 部：010－62989320
邮 购 部：北京体育大学出版社读者服务部 010－62989432
印　　刷：北京建宏印刷有限公司
开　　本：710mm×1000mm　1/16
成品尺寸：240mm×170mm
印　　张：15
字　　数：174 千字
版　　次：2019 年 11 月第 1 版
印　　次：2019 年 11 月第 1 次印刷
定　　价：78.00 元

CONTENTS

目　录

第一章 绪 论

按照1999年第三次全国教育工作会议和全国基础教育工作会议精神，教育部组织研究制定了《基础教育课程改革纲要（试行）》《义务教育课程设置实验方案》、18个学科的课程标准和《开展基础教育新课程实验推广工作的意见》，明确了基础教育课程改革实验推广工作的方针、政策、基本原则和要求，使课程改革有了“施工的蓝图”①。其中分别于2001年颁布实施的全日制《义务教育体育与健康课程标准（2011年版）》和2003年颁布实施的《普通高中体育与健康课程标准（实验）》，担负着调整和改革基础教育体育课程体系、结构和内容的任务，拉开了我国基础教育体育课程改革的序幕，对推动我国体育课程的建设和发展起到了促进作用。然而，体育课程改革并非一蹴而就、一帆风顺，十余年的改革历程告诉我们，体育课程改革任重而道远，需要经历一个不断总结经验、反复思考问

① 王湛．积极推进基础教育课程改革实验向纵深发展［J］．人民教育，2003（Z3）：4－8.

题、积极探索推进策略的艰难曲折过程。

体育课程改革是一个永恒的主题，体育课程研究必须紧贴课程改革的实际，及时发现问题，努力寻找问题的答案。当前，体育课程研究的热点、难点很多，笔者从中择取中小学体育课程内容衔接作为研究任务，主要基于以下几个方面考虑。

一、顺应整体推进体育课程改革的客观要求

党的十八届三中全会通过的《中共中央关于全面深化改革若干重大问题的决定》警示人们："当前，我国发展进入新阶段，改革进入攻坚期和深水区"，教育改革也存在一些亟待解决的问题，如各地改革进展不平衡，一些热点、难点问题尚未有效解决，一些保障政策措施还不到位，仍需要进一步深化教育领域综合改革。

教育领域综合改革包括很多重点领域和关键环节，课程改革便是其中一项系统工程。我国自 2001 年推行的体育课程改革在不断深化的过程中确立了体育课程的性质、基本理念，明确了体育课程目标、任务，优化了课程设置的结构、内容，"基本构建了有中国特色、反映时代精神、体现素质教育理念的课程体系"，有力地推动着我国体育课程与教学的整体改革和发展，取得了显著的成效。但是，课程改革的新思路、新使命、新方法的落实过程，以及可能为学校体育发展带来的新局面与新范式的形成过程中还存在着一些问题。其中，受制于各地改革进展不平衡，体育课程改革在各地推行的力度也不尽相同，地区差异显著；受制于课程改革在各个学段开始的时间先后不一，课程标准的制定采取"各自独立、分段包干"的设计方式，造成大、中、小学各个学段的体育课程缺乏整体性和系统

性的设计。因此，推进体育课程改革的任务仍然繁重，加强体育课程改革的关联性、系统性、可行性研究依然不容懈怠。

我国体育课程研究经历了“体育课程”从体育教学大纲的体例中剥离出来，逐渐摆脱与相近概念“体育教学内容”“体育教材”的胶着状态，发展到具有学科特点并与体育教学论相提并论的一个短暂过程。体育课程研究范畴中的体育课程内容研究是一个“牵一发而动全身”的重要问题，这是因为当前体育课程标准在明确规定课程目标的前提下，提出“目标引领内容”的思路，如何选择、开发、设置体育课程内容便成为体育课程目标能否落实到位的关键问题，也成为体育课程改革是否执行到位的重要问题。如果对体育课程内容的研究不足，就无法为体育课程内容的选择、开发、设置提供明确思路，相应地会影响体育课程目标的实现，乃至影响体育课程改革的质量。体育课程内容衔接的研究把各个学段的课程目标贯穿起来，不仅为体育课程内容的设置提供思路的点拨，还能够明确指向学校体育课程整体目标的实现，在一定程度上为体育课程与教学实践提供理论指导。

二、回应学生体质健康水平下降的现实困惑

1979 年，我国首次对全国 7 ~ 25 岁儿童青少年的身体形态、技能、身体素质进行大规模测试。以后每 5 年左右测试一次的数据清晰地表明我国青少年体质在持续下降。青少年体质下滑的原因有多种说法：①传统文化说；②营养说；③应试教育说；④生活环境说；

⑤独生子女说；⑥体育思想说；⑦学校体育说[①]。体育课程作为学校体育的主要内容，终归难逃其咎，因为与其他学科相比，身体练习是其最基本的特征。只有通过身体练习，它才能传授给学生基本的运动知识和运动技能，培养学生体育意识和行为，增强学生的体质健康。当前体育课程不能很好地实现“增强体质，促进学生身心健康发展”的根本任务，其最主要的原因是体育课程内容缺乏内在的逻辑性，与学生的身心特点、发展需要、社会生活脱节，难以激发学生的学习兴趣，难以与终身体育接轨。出于对学生身心健康发展的关心和重视，学校体育工作者有必要对当前体育课程内容进行深入研究。

当前学校体育课程内容呈现出的最大缺点是缺乏内在的逻辑性。现行学制把学校体育分割成小学体育、初中体育、高中体育、大学体育，学生完整地完成学业需要依次经过这几个阶段，然而，每个阶段的教学环境不同，课程内容的选择和设计方式也不尽相同，学段之间缺乏整体谋划和有效沟通，不可避免地会造成体育课程内容脱离学生学习的需求。简单、呆板、重复、无挑战性的课程内容不能满足学生身心发展的需求，根本无法激发学生的学习兴趣；设置的课程内容难度过大，忽视了学生身心发展的阶段性特点，超越了学生学习能力范围，教学效果会大打折扣。如何选择和编排更具有逻辑性、更符合学生身心发展实际的体育课程内容？这一直是广大学校体育工作者应该考虑且必须考虑的重大问题。体育课程内容衔接的研究从不同学段学生对体育课程内容的不同需求出发，着眼于

① 杨文轩．认真思考深化研究努力实践推动新时期我国学校体育大发展［J］．体育学刊，2013（5）：1－2.

学校体育课程的全局，整体谋划体育课程内容的逻辑结构。这对于表达对学生健康发展的关切具有重要的意义。

三、满足丰富和发展体育课程研究成果的需要

当前我国课程改革是在理论依据不明确的情况下开展的，课程改革的理论基础究竟是建构主义、后现代主义，还是常提常新的杜威的实用主义，没有谁能做出一个明确的回答①。在缺乏必要的理论支撑的前提下进行的体育课程改革，也是在迷茫中摸索前进。一批教育科研人员从课程与教学改革实践中摸索出来的经验总结不断结集出版，一大批博士、硕士学位论文如《体育课程内容资源开发的理论与实践》（李林，2004）、《体育课程实施研究》（张细谦，2007）、《体育课程实施主体论》（胡庆山，2007）、《整体性体育课程研究——基于新中国体育课程的思考》（于晓东，2008）涌现出来。一些理论专著如顾渊彦的《体育课程的理论与实践》（2014）、毛振明的《体育课程改革新论——兼论何为好的体育课》（2012）也在对体育课程进行深入的探讨。但整体而言，当前学校体育课程方面的理论成果还存在着两个方面的问题：第一，新时期我国乃至世界各国都在关注和推崇体育课程改革，作为理论热点的体育课程改革更期待丰富的研究成果出现，而当前我国体育课程研究的成果数量较少，内容还不够丰富；第二，成果还不够成熟，缺乏针对性，很多研究成果还不能成为指导体育课程与教学的力作，仍需要在理

① 靳玉乐，艾兴．新课程改革的理论基础是什么［N］．中国教育报，2005－05－28（001）．

论与实践的“试验田”里反复锤炼。轰轰烈烈的体育课程改革期待丰富的体育课程研究，基于当前体育课程改革研究亟待多出成果的需求，体育课程内容衔接研究呼之而出。

体育课程内容衔接研究是一项新的研究方向，现有的体育课程研究很少涉及此方面。之前的体育课程研究成果中多见某学段体育课程内容的选择、开发、实施研究，却少见采用衔接各个学段的方式选择与编排体育课程内容的做法。因此，本书把衔接性原理利用到体育课程内容的研究过程中，鼓起理论创新、理论发展的勇气，从理论和实践上回答当前体育课程内容设置中出现的一些新问题，不断丰富和完善体育课程理论，在一定程度上为体育课程改革提供理论借鉴。

四、建立指导体育课程内容设计与实施的新方法

体育课程是联系体育教与学的中介，体育课程衔接的范畴较大，它包括课程理念的衔接、课程目标的衔接、课程内容的衔接、课程实施与评价的衔接等，但从一定意义上可以说，全部课程问题其实就是课程内容问题，因为课程内容是体育课程理念和目标的载体，选择和设计体育课程内容是落实课程理念和课程目标的第一步，同时它又为课程的设计、评价及实施提供了实质性内容。可以说，离开了课程内容，所有与课程相关的活动就没有了生机和活力。因此，体育课程内容衔接研究牵扯着体育课程研究的核心和灵魂，突出体育课程内容的衔接才能使体育课程衔接研究更具有针对性和适用性。

开展体育课程内容衔接研究是整体推进体育课程改革的客观要求，也是为了彰显对学生身心发展的现实关切，还是为了丰富和发

展体育课程理论的研究成果。该项研究针对性较强，成果的使用范围较为普遍，尤其是使用衔接的方法对体育课程内容资源进行优化配置，在体育课程内容设计与实施过程中具有很好的指导价值。

它有助于指导体育课程与教学的实践。体育课程内容衔接研究这一命题直接来源于当前体育课程与教学的实践活动。它是针对学段课程之间的不衔接、体育课程内容的选择和排列缺乏逻辑性等问题而提出的。本书针对教学一线问题进行系统思考和深入探讨，能为体育教师选择、设计、编排体育课程内容提供整体视野和宏观思路，有效避免体育课程内容的设置出现“各行其是”的现象，为推动体育课程的全面实施和提高体育课程的质量提供理论指导。

它有助于行政部门对体育课程与教学改革形势作出正确判断。体育课程标准分学段设置和实施造成了体育课程在各个学段间的脱节，这应该是教育行政部门早已察觉的现象。本书以不同阶段学生身心发展需求为依据，把体育课程内容设置中存在的问题摆上台面，呼吁教育行政部门引起重视；同时，本书也将探索体育课程实施的顶层设计和整体谋划，以期为今后教育行政部门完成深化教育领域综合改革的重大战略部署提供参考。

综合以上分析，笔者认为，体育课程内容的逻辑性、层次性不清晰是当前体育课程与教学改革过程中暴露出的新问题，虽然先前也有学者提出课程设置要考虑学生身心发展各个阶段的特点及各阶段的衔接①，要建立各个“体育学段”的目标和内容联系②，要把培

① 魏晓燕，庞元宁，吉斌．体育课程理论体系的拟“范式”结构初探［J］．体育学刊，2003，10（3）：131－133.

② 毛振明．对体育课程整体设计（大、中、小学课程衔接）的研究［J］．北京体育大学学报，2002，25（5）：656－659.

养学生的体育兴趣、习惯和能力作为学校体育的根本目标，构建大、中、小学一体化体育教学目标、内容体系[①]的观点，但是，国内学者对于体育课程内容为什么进行衔接，根据什么原理进行衔接，应该如何衔接等问题，还缺少理论上具体、深入、持续的探讨，更缺少实践方面的探索。因此，体育课程内容衔接研究仍然需要引起关注。

基于以上方面的考虑，本书从解决课程的技术问题入手，采用衔接的方式，致力于小学、初中、高中各个学段的体育课程内容凸显出逻辑性、层次性和针对性，更好地为学生的身心发展服务，更好地推动体育课程与教学改革。本书具体探讨以下内容：

一是审视和思考当前我国体育课程内容设置与实施的现实样态，重点考查各个学段体育课程内容由于学制的分割、课程目标层次错位、体育课程学科知识难以形成有逻辑的体系所导致的体育课程内容缺失内在逻辑性、缺乏整体性谋划、缺少学段之间的衔接等问题，寻找到解决这些问题的新方法——加强体育课程内容衔接，从而突出体育课程内容衔接的实践性价值。

二是探溯体育课程内容衔接的广泛的理论来源。从现代哲学、社会学、教育学、心理学、生物学等基础性学科均能够寻找到支撑体育课程内容衔接这一命题成立的理论依据，它们为建立体育课程内容衔接的运行机制奠定扎实的学科理论基础。

三是阐述体育课程内容衔接的工作原理，厘清体育课程衔接的内涵、种类、特征，明确学段体育课程内容衔接是为了适应体育课程目标的预设，强化体育课程目标的学段联系；遵循学生的身体发

① 陈琦．从终身体育思想审视我国学校体育的改革与发展［J］．体育科学，2004，24（1）：40－43.

育规律，促进学生身体素质的发展；顺应学生的心理发展程序，促进学生心理素质的完善，从而明确学段体育课程内容衔接是为了达成体育课程目标、促进学生身心发展的必要之举。

四是明确提出中小学体育课程内容衔接的目标是为了促进社会、学科、学生三个制约体育课程内容因素的整合，提升体育课程目标知识与技能、过程与方法、情感态度与价值观三个维度的协同，加强小学、初中、高中三个学段的联系，为学生的可持续发展构建一个连续、完整的大环境；探寻体育课程内容的来源，并在此基础上采用“删繁、除旧、降难、纠偏、减重”的方式对体育课程内容的来源进行科学处理，从而优化各个学段设置的体育课程内容；建立以衔接为导向的“竞”“技”课程内容组合，使各个学段体育课程内容更具有针对性和适用性，为中小学体育课程内容衔接构建新的思路。

五是围绕运动技能形成的目标主线，根据运动技能形成与发展的认知理论和动作技能的发展原理，构建中小学学生运动技能形成的发展序列图，并列举中小学体育课程内容衔接实例，重点说明学段衔接的课程内容设置及衔接方法的运用，为中小学体育教师运用该方法进行课程设计提供参考。

第二章 体育课程内容实施的现实样态与衔接诉求

我国于2001年开始的第八轮中小学体育课程改革，确立了体育课程的性质、基本理念，明确了体育课程目标、任务，优化了课程设置的结构、内容，基本构建了有中国特色、反映时代精神、体现素质教育理念的课程体系，有力地推动着我国体育课程与教学的整体改革和发展。但是，现行学制将学校体育切分为小学体育、初中体育、高中体育、大学体育四个部分，各部分的教学对象、教学环境、课程设计方式存在不一致性，各个学段之间的课程内容难免缺乏整体规划和有效沟通。如何选择和编排具有逻辑性并且更顺应学生身心发展需要的体育课程内容，如何使各个学段体育课程内容得到衔接和统整，已经成为困扰学校体育工作者的重大问题。

第一节 体育课程内容选择与设计的要求

一、课程目标引领体育课程内容的设置

课程目标与课程内容关系密切，课程目标规定着课程内容选择的方向与范围，而所选择的课程内容又是实现课程目标的重要基础。在新一轮体育课程改革中，无论是2001年颁布实施的《全日制义务教育体育（1~6年级）体育与健康（7~9年级）课程标准（实验稿）》和2005年颁布实施的《普通高中体育与健康课程标准（实验稿）》，还是2011年修订实施的《义务教育体育与健康课程标准》和2017年修订实施的《普通高中体育与健康课程标准》作为国家课程标准，设置的内容必须服从于课程的总目标，这是符合逻辑的[①]。但需要注意的是，课程标准只规定了具体的课程目标、领域目标和水平目标，而没有规定具体的课程内容，至于如何根据课程目标选择和设计课程内容，体育课程标准也没有提出更为具体的要求。

之所以采用课程目标引领课程内容的框架结构，主要考虑以下四个方面：第一，从与国际接轨的角度考虑，国外发达国家的体育课程标准也没有对全国规定统一、具体的课程内容。第二，我国地大物博、幅员辽阔，各地、各校情况差异很大，如果对课程内容做

① Greg Payne，耿培新，梁国立．人类动作发展概论［M］．北京：人民教育出版社，2008：36.

出统一的规定，就会造成一些条件好的地区和学校能适应体育课程标准的要求，而一些条件差的地区和学校却无法适应体育课程标准的要求[①]。第三，学校作为教育的实体，应该具有办学的个性和灵活性，每个学校都可以针对本校的教学实际，主动、灵活地执行体育课程标准，如果对课程内容做出统一的规定，学校就会丧失自主选择课程内容的空间和余地，体育教学的创造性、个性终将被抹杀。第四，学生生活经验各不相同，个人的成长与发展不宜用统一、具体的课程内容作出要求。因此，体育课程标准根据我国的教学实际提出"目标引领内容"的思想是明智的举措。

体育与健康课程相关标准的制定与实施体现了"目标引领内容"的课程思想，强调在课程目标的基础上，选择和设计教学内容，使所有体育教学活动内容都围绕课程目标来开展，并最终达成课程目标[②]。如《义务教育体育与健康课程标准（2011 年版）》规定课程总目标为：通过课程的学习，学生将掌握体育与健康的基础知识、基本技能与方法，增强体能；学会学习和锻炼，发展体育与健康实践和创新能力；体验运动的乐趣和成功，养成体育锻炼的习惯；发展良好的心理品质，合作与交往能力；提高自觉维护健康的意识，基本形成健康的生活方式和积极进取、乐观开朗的人生态度[③]。自上而下看，在课程总目标之下，该标准又划分出运动参与、运动技能、

① 滕子敬，季浏，耿培新，等．体育与健康课程为什么要目标统领学习内容［J］．中国学校体育，2002（5）：13－14.

② 邓若锋，屈冬林，张友，等．积极身体练习体验的体育学习动因："目标引领内容"的内涵及对体育学习的价值［J］．中国学校体育，2014（3）：24－26.

③ 中华人民共和国教育部．义务教育体育与健康课程标准（2011 年版）［M］．北京：北京师范大学出版社，2012：6.

身体健康、心理健康与社会适应四个学习方面的目标。每个方面具有各自的目标：运动参与目标强调参与体育学习和锻炼、体验运动乐趣与成功；运动技能目标强调学习体育运动知识、掌握运动技能和方法、增强安全意识和防范能力；身体健康目标强调掌握基本保健知识和方法、塑造良好体形和身体姿态、全面发展体能与健身能力、提高适应自然环境的能力；心理健康与社会适应目标强调培养坚强的意志品质，学会调控情绪的方法，形成合作意识与能力，具有良好的体育道德。按照学生身心发展的年龄特征，把 1 年级到 9 年级划分为四个水平阶段：水平一（1～2 年级）、水平二（3～4 年级）、水平三（5～6 年级）和水平四（7～9 年级）。每一个水平阶段都有该阶段四个方面较为具体的呈递进式的学习目标。于是，课程总目标、四个方面的学习目标和四个阶段的水平目标，以及学年目标、学期目标、单元目标、课时目标共同组成了一个结构严密、衔接紧密、功能强大的课程目标体系（图 2－1），引领着体育课程内容的选择和设计在率先实现水平目标的基础上，进而实现领域目标和课程目标。因此，课程内容与课程目标是“捆绑”在一起的，“目标引领内容”使体育课程内容紧随并服务于课程目标的意图更加明显，课程内容选择的指向性、针对性和有效性更加突出。

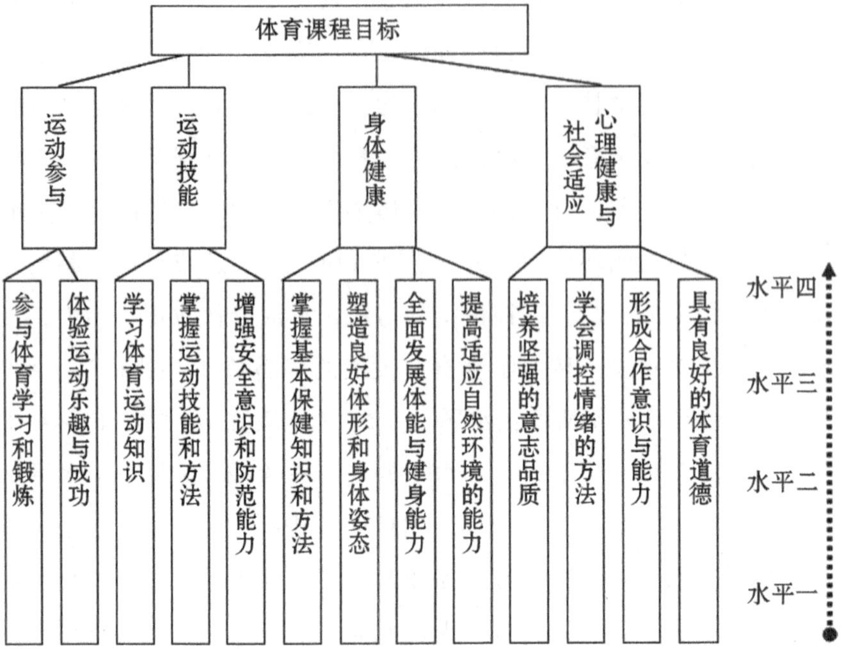

图2－1　体育课程目标的结构

总体而言，体育课程标准并没有规定课程内容，至于如何根据课程目标选择和设计课程内容，完全由学校根据学生的运动基础、兴趣爱好、个性特点、整体教学内容安排等来自行确定[①]，不管选择什么内容、采用何种方法，只要使学生通过体育学习和锻炼从某一学习水平上最终达到体育课程标准所期望的“学会”和“掌握”的目标要求，那么，“目标引领内容”的思想就算得到了很好的落实。

① 季浏．《义务教育体育与健康课程标准》修订说明与分析（三）——课程内容［J］．中国学校体育，2012（6）：19－23.

二、体育课程内容忠实于学生的发展

从世界范围来看，20 世纪 60 年代以来的教学实践已经发生变化，呈现“行为主义范式—信息处理范式—建构主义范式”的趋势。从控制学习者行为的行为主义，转型为学习者自身挑战客观世界、发现其价值与意义，从而再建客观世界之意义的建构主义[①]，为当前我国课程改革与教学实践定下“以学生发展为中心”的基调。代表现代教育改革走向的“以学生发展为中心”，不是指教师与学生角色、身份、地位的高低之分，而是指教学理念、管理理念、服务理念的转变，教学方法、评价手段的转变[②]。它把促进学生的健康发展作为课程与教学的出发点和落脚点以及价值追求，把教学目的、任务的重心由“教”转变为“学”，把学生看作学习的“主人”，鼓励学生以自身已有的知识和经验为基础主动建构有意义的世界，这有利于发挥学生学习的积极性和主动性，提高学生的学习效果和学习能力，促进学生主动、全面发展。

《义务教育体育与健康课程标准（2011 年版）》和《普通高中体育与健康课程标准（实验）》把育人作为学校体育工作的根本要求，明确了体育课程“以学生发展为中心，重视学生的主体地位”的改革理念，促使我们反思“以教师为主体”的传统体育课程，努力构建和实践面向学生的中国体育与健康新课程的理论和方法[③]。构建满

① 钟启泉．中国课程改革：挑战与反思［J］．比较教育研究，2005（12）：18－23.

② 刘献君．论“以学生为中心”［J］．高等教育研究，2012，33（8）：1－6.

③ 季浏．论面向学生的中国体育与健康新课程［J］．体育科学，2013，33（11）：28－36，74.

足学生发展需求的体育课程内容是“以学生发展为中心”理念的重要体现，选择和设计体育课程内容时必须围绕“以学生发展为中心”这个根本方向，突出以下四点。

第一，体育课程内容的选择和设计要符合学生身心发展的特点。不同学段学生的体育与健康学习基础、身体特征、体能发展水平和心智发展水平不尽相同，课程内容也应该具有难易繁简的层次之分。这是因为人的发展既有连续性，又有阶段性，并且具有不可逆性，随着儿童→少年→青年的成长过程，学生的身体发育水平和心智发展水平不可能停留在同一个层次上，体育课程内容的选择和设计更不能永远重复某一阶段的内容。因此，在选择和设计课程内容时尽力做到体育课程内容的安排能够适应该学段学生身心发展的阶段性特点，也就是说学段的课程内容要体现该学段的特点。比如：在小学阶段，要注重体育游戏和不同运动项目单个动作技术的学习；在初中阶段，要注重不同项目运动技术的学习；在高中阶段，要注重专项技能的学习。各个学段学习的侧重点不同，选择和设计课程内容时就要做到学段层面的有序排列，既要避免重复前一学段，又要防范过度超越后一阶段。

第二，体育课程内容的选择和设计要充分考虑学生的运动兴趣与需求。根据学生的学习态度和表现、情感体验、运动知识和技能的掌握程度等基本情况，选择和设计学生喜闻乐见的，并与学生已有的体育经验和生活经验相联系的运动项目，能够激发学生的体育学习兴趣，促使学生积极参与体育活动，让学生充分体验体育学习和体育活动带来的乐趣，并在愉快的学习中获得个体运动知识与技能的进步和发展。因此，《普通高中体育与健康课程标准（实验）》提出继续保持传统体育课程中的田径、球类、体操、武术等竞技运动项目，鼓励将一些深受学生喜爱的民族传统体育项目和新兴运动项目引入到体育课堂教学之中[①]，精选终身学习必备的基础知识和技能[②]，加强课程内容与学生生活以及现代社会和科技发展的联系，使课程内容更体现时代特征、更富有生活气息、更具有实用价值，努力满足不同学生的学习兴趣和要求。

第三，体育课程内容的选择和设计要发挥学生的主体性。处理好学生与课程内容之间的关系是发挥学生主体性的前提。学生的学习活动是基于已有知识与技能经验的主动建构，学生已有的知识与技能经验是课程内容的组成部分，鼓励学生发挥自身的创造性，主动参与课程的设计与研制、教学方法的改进、评价体系的完善等体育课程改进的实践性过程[③]。在选择和设计课程内容时面向全体学生，充分听取学生的反馈和意见，尊重学生的个体需求，构建出符合学生发展需要的体育课程内容。

第四，体育课程内容的选择和设计要呈现出各个学段的教学特点。在小学阶段，让学校根据课程标准的精神和本校的实际情况，在注意激发和保护学生体育兴趣的前提下，尽可能多地让学生学习一些体育活动的内容。在初中阶段，适当收缩学习内容，在每类运动项目中根据实际情况有重点地选择一两项运动技能作为学习内容，以形成和发展学生的体育爱好。在高中阶段，学生则可以在学校选定的体育学习内容中，重点学习一两项运动技能，以发展熟练运用

① 季浏．体育课程在继承的基础上改革与发展［J］．2006（4）：12－14.

② 教育部．基础教育课程改革纲要（试行）［N］．中国教育报，2001－07－27（001）．

③ 李启迪，邵伟德．坚持“以学生发展为中心”体育课程理念的意义与实施策略［J］．体育科学，2014，34（3）：15－23.

该项运动技能的能力；高中学生在必修课时之外，还可以根据自己的兴趣爱好和特殊需要，选修其他一些运动项目进行学习[①]。各个学段对学生的运动知识与技能的学习要做出不同的规定，同时也要体现出各个学段的教学任务和重点。

三、三级课程模式支配课程内容的开发

1999 年，第三次全国教育工作会议上通过《中共中央国务院关于深化教育改革全面推进素质教育的决定》，正式提出："建立新的基础教育课程体系，试行国家课程、地方课程、学校课程。"自此，国家、地方、学校三级构成的分级课程管理体制成为新一轮基础教育改革的目标之一。国家、地方、学校三级课程本身是一个完整的体系。各级课程在总体目标上具有一致性，都是为了实现我国的教育方针或各个教育阶段的培养目标。国家课程是国家规定的课程，它集中体现了一个国家的意志，专门为培养未来的国家公民而设计，并依据未来公民接受教育之后所要达到的共同素质而开发的课程；地方课程是在国家规定的各个教育阶段的课程计划内，由省级的教育行政部门或其授权的教育部门依据当地的政治、经济、文化、民族等发展需要而开发的课程；学校课程是在具体实施上述两类课程的前提下，通过对该校学生的需要进行科学的评估，充分利用当地社区和学校的课程资源而开发的多样的可供学生选择的课程[②]。

---

① 季浏. 全日制义务教育普通高级中学体育（与健康）课程标准解读（实验稿）[M]. 武汉：湖北教育出版社，2002：5.

② 钟启泉，崔允漷，张华. 为了中华民族的复兴　为了每位学生的发展：《基础教育课程改革纲要（试行）》解读 [M]. 上海：华东师范大学出版社，2001：355.

在三级课程模式下，课程设计、组织、管理的权力层层下放，各地、各校在体育课程资源的开发与利用上取得了自主权，可以自主开发与利用和身体练习相关的课程内容资源，尤其是注意开发与利用民族民间传统体育活动项目和新兴运动项目等。《义务教育体育与健康课程标准（2011 年版）》对课程内容资源的开发与利用提出相应的建议，要求做到：①改造现有运动项目，即根据学生的身心发展特征，通过简化规则、简化技战术、降低难度、改造场地与器材等手段，开发出适合学生学习的内容；②开发与利用新兴运动项目，即注意课程内容的时代性，根据学校情况选用新兴运动项目，如健美操、攀岩、街舞等，并且在对新兴运动项目进行教材化改造的同时，引导学生把追求时尚的项目转变成健康向上、参与性强、安全有益的内容；③开发与利用民族民间传统体育活动项目，即大力挖掘和传承民族民间体育资源，如武术、舞狮、舞龙、踢毽子等，来补充和丰富体育与健康课程的内容。

在三级课程模式下，体育教师也成为课程内容资源开发的主体。课程标准赋予体育教师体育课程内容“设计师”的角色，体育教师可以根据学校自身的办学理念、特点和学生需要而加强课程内容资源开发，自主构建一个动态的、开放的、符合学生生活经验的学科知识结构；可以根据个人的知识结构、教学技能、经验累积，通过发挥个体的能动作用，自主设计、选择、开发、实施富有个性的课程；可以根据本地区、本学校的具体情况，通过改造、开发与利用各式运动项目，挖掘其文化内涵，设计出具有地区和学校特色的体育课程；体育教师从学生的兴趣、爱好和个性化选择出发去挖掘、拓宽体育课程的内涵和外延，对课程目的、课程内容、课程评价、课程结构等做出规划和安排，从而使自己的课程设计更具有针对性。

总之，体育教师要发挥主观能动性，积极承担开发课程资源的责任，努力使体育课程内容更具有生活气息、技术含量、文化特色、时代韵味，并根据学生的经验，设计出难易适度、简繁得当、科学合理的课程内容。

综上所述，体育课程内容资源的开发与利用是以学校的体育教师为主体，在国家课程标准和地方课程实施方案的指导下，依据学校自身的性质、特点、条件以及可利用和开发的体育资源，尊重本校的体育传统，为满足学生的体育需求和促进学生健康而展开一系列活动的过程[①]。在开发与利用体育课程内容资源时，我们需要紧紧把握住两点，即要求“以学校为本”和注重“课程内容资源开发”。基于这两方面的要求，需要做到依据学校自身的性质、特点、条件以及可利用和开发的体育资源，选择和设计出具有学校特色的体育课程内容；提升体育教师开发与利用课程内容资源的能力与水平，充分发挥体育教师课程开发的权力，调动其主动性、积极性、创造性，把学生的学习需求作为课程内容资源开发活动的核心，选择和设计出适应学生身心发展需要的体育课程内容。

第二节　当前体育课程内容设置的偏差

体育课程标准对课程内容的要求较为全面、明晰，但具有理想化的色彩。人们将其运用到体育课程与教学实践的过程中存在诸多问题。

---

① 金燕，季浏，汪晓赞．我国中小学体育校本课程开发状况调研［J］．体育学刊，2007，14（7）：126－128.

一、学段之间失联现象严重

《基础教育课程改革纲要（试行）》规定“整体设置九年一贯的义务教育课程”。具体要求：①小学阶段以综合课程为主。小学低年级开设品德与生活、语文、数学、体育、艺术（或音乐、美术）等课程；小学中高年级开设品德与社会、语文、数学、科学、外语、综合实践活动、体育、艺术（或音乐、美术）等课程。②初中阶段设置分科与综合相结合的课程，主要包括思想品德、语文、数学、外语、科学（或物理、化学、生物）、历史与社会（或历史、地理）、体育与健康、艺术（或音乐、美术）以及综合实践活动。③高中以分科课程为主，在开设必修课的同时，设置丰富多样的选修课程，开设技术类课程①。体育课程贯穿于基础教育的全部学段。然而，若想进行各个学段体育课程内容的整体设置，需要首先破解学段衔接不畅的困惑。

学段之间体育课程内容的不衔接主要源于三个因素：学制的分割、体育课程内容的知识点零散分布和不同学段体育课程内容的随意设置。

（一）学制的分割

从系统论的观点来看，社会是一个复杂的巨系统，教育是社会巨系统中的一个子系统。在教育系统中，我国现行学制把教育划分

① 教育部. 基础教育课程改革纲要（试行）［N］. 中国教育报，2001－07－27（001）.

为四个阶段：学前教育、初等教育、中等教育、高等教育；根据学生全日在校学习的性质，又把学校教育分为幼儿园、小学、初中、高中、大学学段。教育阶段划分能够让各个阶段的教育重点更加突出，符合社会发展对人才培养的需要，有一定的合理性。

但是，自从教育阶段被划分成大学、中学、小学学段之后，学校教育出现了“代沟”，大学、中学、小学各个学段更难以形成统一整体。最为典型的例子就是2001年我国启动的新中国成立以来第八次基础教育课程改革，课程改革在各个学段开始的时间不一，课程标准的制定采取“各自独立、分段包干”的设计方式，也就是“铁路警察，各管一段”的做法，导致学科之间、学段之间缺少有效沟通，出现目标定位不当、知识重复交叉、单元脉络不清等问题，各个学段之间出现联系不强、连接不畅甚或脱节的现象，很大程度上阻碍着学校体育系统整体功能的发挥。

学制的客观存在既是造成课程不衔接的客观因素，又为体育课程衔接提供前提和基础。根据学制的要求，大、中、小学体育课程具有各自独立的任务并且衔接成为一个整体，但当前基础教育阶段、大学阶段体育课程改革开始的时间不一，推行的力度不尽相同，各个学段体育课程的目标任务差别很大，各个学段的体育课程与教学改革基本上“各自为战”，相互间的冲突与脱节现象不可避免。

（二）体育课程内容的知识点零散分布

体育课程是以身体动作练习为主要内容的课程，其基本内容——走、跑、跳、投、攀爬、腾跃等各个基本动作之间并没有太强的联系，建立在基本动作基础上的不同运动项目的知识体系之间无太多直接联系，大多处于并联状态，它不像其他学科如语文、数学、物理、化学等，概念抽象、定理严谨、逻辑性强、知识容量大，并且各个学段之间的知识是串联在一起的，学段之间具有较强的联系性。以数学学科为例，小学数学内容是从日常生活中抽象出的具体数、量、图形和简单的数量计算；中学数学内容是从具体情境中抽象出数学符号，用代数式、方程、不等式、函数等表述数量关系；大学数学内容是从知识的运用中抽象出高深的数理理论，如复变函数、微积分、数值分析、矩阵及其应用、概率论、博弈论、泛函分析、几何学、运筹学等。每个学段课程内容明显不同，且具有较为严密的逻辑性，各个知识点在难易程度上呈递进状态，前后学段之间是一种制约与被制约的关系，脱离、忽略某阶段或者某阶段规定的知识点将为掌握后一阶段的学科知识带来麻烦。

与其他学科课程相比，体育课程内容表现得“个性十足”。体育课程内容的各个知识点处于并联状态。体育课程内容基本是按照运动项目进行分类的，如田径、篮球、排球、足球、游泳、乒乓球、羽毛球、体操等。这些运动项目的知识体系各自独立，如排球项目的知识与技能由垫球、传球、发球、扣球、拦网等单个动作技术组成，篮球项目的知识与技能由运球、传球、投篮等单个动作组成，而这两个运动项目之间并无太大联系，若想掌握篮球技术不一定必须掌握排球技术，若想掌握排球技术也不一定必须掌握篮球技术，它们之间并非互为基础，也并非相互制约。此种情况下，在同一学段安排何种运动项目的教学既不影响其他项目的安排，也不太受设置其他项目的影响。不仅如此，同一个运动项目内不同单个技术之间也是并列关系，如篮球项目中的运球、传球、投篮三个单个动作技术，先或后掌握某一动作技术，以及该动作技术掌握的好坏程度并不太影响另外两个动作技术的学习。

体育课程内容的各个知识点处于并联状态的事实，在一定程度上助长了各个学段课程内容设置的随意性，如小学、中学、大学各个学段都可以设置篮球教学内容，并且所学习的动作技术并无太多不同，单从同一个运动项目的学习内容来看，不同学段课程内容的重复设置很难避免，学段之间不衔接的状况定然存在。

（三）不同学段体育课程内容的随意设置

由于学制的分割，学生在不同学段甚至在不同年级要接受不同体育教师的教学。尽管各级体育教师传授运动知识、技术、技能的任务是相同的，但他们在选择和设计课程内容时，大多仅顾及本学段或者本年级的教学目标与任务，很少运用整体视野将各个学段或者各个年级课程内容衔接在一起。故而，学生从小学一直到大学可能会接受两种状态的课程内容设置。

一是肤浅的课程内容，即各个学段课程内容的设置处于不重复状态，学生只是“蜻蜓点水”式地接触各类课程内容，在还没有掌握某一项目的技术技能时便开始下一个项目的学习。例如，义务教育阶段体育在运动技能方面要教田径类、球类、体操、游泳或冰雪类、武术类及其他民族民间体育活动项目等。每一类中又有许多种运动项目，每一个运动项目中又有许多的基本技术或战术，而体育与健康教学时数按一年来算，水平一至水平二每周 4 课时，一年共 144 课时；水平三至水平四每周 3 课时，一年共 108 课时。在有限的课时内，如果什么项目都教，教师只能“蜻蜓点水”式地进行教学，学生什么也不可能学会①。

二是简单重复的课程内容，即各个学段课程内容设置雷同，学生对某一项目“一学到底”，并且学到的都是简单重复的知识与技能。例如，在小学阶段，很多学校选择把篮球作为课程内容；到了中学、大学阶段，很多学校也设置了篮球教学内容。由于每个学段体育课时有限，不可能在短时间内系统教授完整的篮球技术，学生在没有完全掌握运动技术的情况下就要升入高一级学段或者年级，高一级学段或者年级的篮球教学面对没有掌握篮球运动技术的学生，又得从传授基本动作、基本技术开始。周而复始的基础内容设置，让学生从小学到大学各个学段对某一项目“一学到底”，而且仅仅学到该项目知识与技能的“皮毛”。

一旦把各个学段的课程内容设置纳入整体的教学视野中，不难发现各个学段体育课程内容的设置缺少整体规划，以上两种状态的课程内容设置现象司空见惯。

学制的分割、体育课程内容的知识点零散分布和不同学段体育课程内容的随意设置三种因素是客观存在的，由此造成学段之间体育课程内容不衔接的问题也是很突出的。

二、课程目标层次错位明显

体育课程目标与内容的内在结构是有层次的，不同学段的体育课程目标都从三个维度对四个方面或者五个方面提出了相应的要求。

① 季浏.《义务教育体育与健康课程标准》修订说明与分析（三）：课程内容［J］.中国学校体育，2012（6）：19－23.

中小学体育课程标准为我们提出了一个由总目标、领域目标、水平目标构成的目标体系，但是在总目标区域，它又依据学生需要由低学龄至高学龄依次接受体育教学的过程，在纵向上设置了九年义务教育阶段和高中教育阶段两个阶段层面的体育课程目标。但这种做法给人的感觉却是小学与初中的课程目标是相同的，难以在目标内容上看出学段（年级）的特点和教学任务的重点。在目标落实过程中就会出现离奇的做法，一些教师用初中的课程目标来要求小学生或者用小学的课程目标给初中生上课，课程目标在学段层次上的错位和混乱表现得非常明显，具体表现在把低学段课程目标定位为高学段课程目标或者把高学段课程目标定位为低学段课程目标。目标定位的混乱引发了把结果性课程目标当作过程性目标和混淆新授课、复习课、练习课的目标两种情况。

（一）把低学段课程目标定位为高学段课程目标

这主要是指过度拔高低学段的课程目标要求，过高定位低学段的课程目标，出现“拔苗助长”式的课程目标设置，不仅使低学段课程目标得不到落实，也因为过度提高课程目标的难度要求，导致目标超脱了本学段学生学习与发展的能力，增加了学生运动知识、技能的学习负荷和畏难心理。例如，在小学低年级阶段开展篮球运球教学，由于该阶段的学生还不具备学习运球动作的基础，学生还没有建立基本的动作概念，此时的课程目标和内容应该以“通过反复练习，掌握基本的篮球运球动作”为主，而不应该设置诸如变向运球、运球过人等任务。这些内容对于该阶段的学生来说具有较高挑战性和较高难度，是无法实现的目标。

事实上，高、低学段的课程目标是有严格区别的，将高学段的课程目标强压给低学段的学生，违背了学生身心发展的规律，不可能取得良好的课程实施效果。

（二）把高学段课程目标定位为低学段课程目标

与上述情形相反，当学生进入初中、高中学段后，仍然以小学学段的课程目标开展教学，便会出现课程目标与上一阶段雷同、重复，不可避免地引发“一学到底”的现象。例如，在小学阶段学习篮球运球技术，确定的学习目标为“通过反复练习，掌握基本的篮球运球动作”，而到了初中、高中阶段仍能看到类似的目标设置，并且在对学生运动技能的熟练程度和运用方面也没有提出过多的要求。小学阶段一般以掌握单个动作技术为主，促使学生建立正确的动作概念，而到了初中、高中阶段，仍然要求学生达到单个动作技术上设定的课程目标，缺少动作难度或动作运用程度的要求，最终无法提升该学段学生的运动技能水平。

把低学段课程目标定位为高学段课程目标或者把高学段课程目标定位为低学段课程目标都会出现课程目标雷同、重复的现象。课程目标的重复设置有悖于学生身心发展的规律，无视学生对体育的需求，学生会因为体育课程低水平重复、没有难度、没有挑战性而失去学习的兴趣，这对于学生掌握和运用运动技能是无益的。

以某课时教案（部分摘录）为例（表2－1）：

表 2-1 教案范例

教学内容	1. 新授：立定跳远；2. 复习：小步跑；3. 素质练习：30 米蛙跳接力。
重点难点	1. 新授—重点：预备姿势和爆发式的起跳以及腾空的高度。 难点：起跳后的屈膝、收腹、抬大腿。 2. 复习—重点：膝关节、踝关节放松，用前脚掌着地。 难点：注意节奏。
教学目标	1. 认知目标：通过讲解，90% 以上的学生基本领悟立定跳远动作要领，能够明确动作的关键。 2. 技能目标：通过练习，80% 以上的学生掌握动作要领，能在保护下完成动作；60% 以上的学生基本能够通过练习，学会立定跳远的动作技术，克服心理障碍，逐渐独立完成练习；30% 以上的学生掌握良好。 3. 情感目标：通过辅助练习，能够仔细观察别人的动作，与同伴相互探讨交流，表达成功的心理体验。

附：学情分析

本次课教学对象是高二年级女生，每班 24 人左右。高二年级女生正处于青春发育期，多来自农村。从生理上看，骨骼、肌肉、韧带、关节处在快速增长时期；从心理上看，此阶段学生思维敏捷，模仿能力强，体能恢复快，加之争强好胜，求知欲望高，正是开展体育锻炼的黄金阶段。高一年级田径模块中已学习了跳跃技术，具备一定的知识基础。学生的跳跃能力有较大差异。从学生平时的课外锻炼中可以看出，很多学生由于做动作不协调，有力量却使不上劲；还有些学生由于采用不正确的立定跳远技术动作，导致下肢过早落地，身体重心过于靠前，从而摔倒受伤。根据她们的生理和心理特点设计合理有效的教学内容，为本堂课奠定基础。

田径模块中的立定跳远项目是测量学生腿部爆发力的重要指标之一，很多地区、学校把它作为体育教学和中招体育加试的内容，学生初中甚至小学阶段已经掌握了立定跳远的动作技术，而到了高二年级仍然讲授该内容，显然是重复教学，没有结合学生运动技能形成和发展的实际设置课程。再来分析该教案的“技能目标”，设计者想通过练习，使“80%以上的学生掌握动作要领，能在保护下完成动作；60%以上的学生基本能够通过练习，学会立定跳远的动作技术，克服心理障碍，逐渐独立完成练习；30%以上的学生掌握良好”，对该阶段学生而言，其设置的目标过低。再者，如果学生做立定跳远这一动作还需要保护，还能算掌握了动作要领吗？如果学生还未能掌握立定跳远的起跳、腾空、落地等基本动作技术，还能保证30米蛙跳接力素质练习的顺利进行吗？因此判定，该课程目标脱离了该阶段学生动作技能学习的实际。

在把低学段课程目标定位为高学段课程目标、把高学段课程目标定位为低学段课程目标的两种截然对立的做法中，我们应该明白：学校体育各层次目标定位不清，或发生错位及上移，或其之间关系不明，都会使体育教师从茫然变成随意，使学生从心理上远离学校体育，起不到目标层层渗透的指导、规定、方向性的作用①。无论哪

① 陆作生，刘昕．学校体育课程改革思考［J］．中国体育科技，2002，38（9）：59－62，65.

一层次目标都应该是具体的、客观的，否则便会导致学校体育形式化或内容选择的不确定性和教学方法组织形式运用的随意性。

（三）把结果性课程目标当作过程性目标

体育课程标准中所设置的目标一般是结果性目标，结果性目标的实现需要很多过程性目标进行配合，如小学和初中学段的课程目标，就需要小学、中学两个学段诸多过程性教学目标的配合才能得以实现。又如其中“提高自觉维护健康的意识，基本形成健康的生活方式和积极进取、乐观开朗的人生态度”的课程目标，就需要数个课时目标、几个单元的课程目标、一个学期的课程目标甚至几个学期的课程目标支撑才可以实现。它需要一个一个单元课程目标层层递进、逐步落实，绝非贪大求全，绝非仅通过一堂45分钟的体育课就能实现该学段所有的目标。

以某篇教案（部分摘录）为例：

学习内容：自编健美操第一组合：并步、交叉步、吸腿跳、开合跳。

教学对象：初一年级　　教学单元：第1课时

学习目标：

1. 学生明晰自编健美操第一组合：并步、交叉步、吸腿跳、开合跳的动作名称和方法；

2. 90%左右的学生能在音乐的伴奏下完成第一组合动作，身体协调性得到提高；

3. 学生在练习过程中热情高涨、积极参与、主动交流，同伴之间配合默契，与他人交往合作的能力得到提高。

仅从学习目标看，该教案所设置的目标几近完美，目标维度包括知识、技能、情感态度三个方面，内容较为全面，基本符合该学段学生身心发展的实际。但再仔细分析该目标，不免产生两点疑问，仅仅通过并步、交叉步、吸腿跳、开合跳几个动作的组合教学，能否实现提高身体协调性的目标？通过45分钟的学习，使“学生在练习过程中热情高涨、积极参与、主动交流，同伴之间配合默契”不难实现，但作为第1课时的教学，能否提高学生的交往合作能力？因此，一个课时的目标或者一些过程性目标不宜太过全面，若贪多求全未免让人感觉笼统、模糊，无法变为现实。

（四）混淆新授课、练习课和复习课的目标

具体到课程的一个单元，需要根据课程的类型设置课程目标。按照教学时序和课程任务，以及运动技能“泛化，分化，巩固与自动化”的学习程序，体育课程可以划分为新授课、练习课和复习课等类型。不同类型的课应该具有不同的目标和任务。在新授课上，学生需要粗略或者初步掌握技术动作；在练习课上，巩固新授课的成果，突出课程的重点，需要学生精学的动作技术可以多花费一些课时，促进学生掌握基本动作技术；而到了复习课，课程目标的重点更加突出，能够让学生通过复习课掌握各个动作技术之间的联系，达到熟练运用的目的。但实际的体育教学并不注意区分课程类型及其目标，一味地讲授新内容，最终“蜻蜓点水”，看似学生学习了很多内容，事实上却是半斤八两，这种现象极其不利于学生完整地掌握某一项运动技能。

三、学生学习需求得不到满足

教育部出台的驱动第八次课程改革的总体课程设计方案——《基础教育课程改革纲要（试行）》（2001 年）以全新的话语系统规划了 21 世纪我国基础教育课程改革的蓝图，反映了当今时代课程理论和课程改革实践的进步趋势。它从保障每一个人的学习权的高度，明确提出改革的基本理念——“为了中华民族的复兴，为了每位学生的发展”①，从课程的总体设计到课堂教学设计，始终把学生的发展置于核心地位。学生作为课程的主体，通过参与课程的选择、参与课程的设计、参与课程实施、建构及参与课程评价等学校课程事务分享和表达自己的课程权力②。

以“健康第一”思想为指导，构建体育知识与技能、过程与方法、情感态度与价值观有机统一且符合学生主体需求的课程内容是体育课程改革的基本理念。以学生主体需求为导向的体育课程内容是生成性的，它“不局限于教材上的知识，它在课程实施过程中要充分挖掘和利用学生本身的课程资源，在现场中展开知识构建活动”③。事实上，构建符合学生主体需求的体育课程内容是建立在学生运动经验的基础上的，当学生还没有建立起体育学习的兴趣、没有产生对体育学习的需求、没有体验过体育学习的愉悦、没有掌握

---

① 钟启泉．中国课程改革：挑战与反思［J］．比较教育研究，2005（12）：18－23.

② 吴支奎．学生课程参与：一个亟待关注的问题［J］．教育科学，2009，25（2）：30－33.

③ 丁邦平，顾明远．学科课程与“活动课程”：分离还是融合：兼论“学生本位课程”及其特征［J］．教育研究，2002（10）：31－35.

基本运动知识与技能时，学生在体育课程内容设置中的主体作用根本无法体现。尤其是中小学阶段的学生，他们的体育学习才刚刚开始，他们的学习经验处于空白状态，根本不懂得如何表达主体需求，所以，此时的体育课程内容基本上是基于教师教学经验构建的，学生的主体需求无法得以体现。

到了高中学段，学生虽然已经具备了一定的运动知识与技能，也能够对教师的教学给予积极主动配合，对参与体育课程的权力也有一定的主动需求，但很多学校在高考指挥棒下忙于提升学生的升学成绩，课程安排方面很少征询体育教师的意见，很少考虑学校体育教学的实际，更无暇顾及学生对体育课程的主体需求，致使该阶段的体育课程无论在内容上还是形式上，都与学生的身心特点、需要、社会生活脱节。

大学体育是学生在校进行体育学习的最重要的一站，此阶段体育课程内容必须与终身体育的要求相一致，既要考虑培养学生的体育习惯，还要观照学生的职业需求。然而，大学体育作为必修课程仅存在于一、二年级，学生在自主选择课程内容、自主选择任课教师、自主选择上课时间的“三自主”模式下，主体作用得到一定程度的发挥，但很多高校三、四年级不再开设体育课程，学生忙于实习和求职，曾经获得的体育运动知识、技能很大程度上被搁置，遑论与将来职业和生活环境接轨，体育课程的主体需求逐渐被淹没。

此外，即使学生对体育课程内容的主体需求传达至体育教师或者学校层面，但在短时期内并不能根据学生的需求及时解决问题，主要因为：第一，体育课程标准没有明确学生主体性的几个本源问题，如何谓主体、是何等情况下的主体、学生主体作用的具体表现等。同时体育课程标准也没有界定学生发挥主体性的范围，学校或者体育教师还不知道如何做才能满足学生的主体需求，这需要一个摸索的过程。第二，学生的主体需求是有差异和变动不居的，教师不能不以拥有这些差异的学生为对象，不可能刻板划一地按照预设好的计划展开教学活动[①]。因此，教师面对那么多有差异的需求，须把预先设置的课程内容进行不断调整以适应学生的主体需求，但由于学生主体需求差异太大，即使把课程内容做出全面调适也不能确保满足每一位学生的需求。

四、内容设置存在主观随意

三级课程管理为各地、各校自主开发与利用体育课程资源留足了更大的空间与余地。鼓励体育教师可以在课程标准的指导下，从学生所处的水平和应达到的水平目标出发，根据本校的体育资源，结合学生的体育需求既可以对课程标准所提供的内容进行选择、改编、整合，使之更加符合本校学生的实际情况；也可以开发新的体育课程，以弥补、拓展国家体育课程和地方体育课程，使本校体育课程更具特色[②]。

然而，体育教师面对自主操作课程的自由，在选择和设置课程内容时，很可能会出现两种现象和行为：

① 钟启泉．“课堂互动”研究：意蕴与课题［J］．教育研究，2010（10）：73－80.

② 董翠香．新课程标准下中小学体育校本课程开发的必要性和可行性［J］．西安体育学院学报，2004，21（1）：94－97.

（一）教师“不知何为”

由于体育教师长期受全国统一的管理课程政策的影响，习惯于执行既定体育教学大纲和国家统编教材，当新的体育课程标准号召基层的体育教师“积极利用和开发课程资源”时，无疑给基层学校和教师自主进行课程研究和课程设计增加了压力。这是几十年来基层的体育教师从来没有做过的工作①，他们面对这种具有高度灵活性和可以自主支配的课程体系不知从何下手②。体育教师缺乏全新的课程管理意识、创新意识，很难自主地、创造性地将课程作为学校自身的东西加以实施，此种情况尤其在课程改革前期表现为甚。

（二）教师“为所欲为”

三级课程管理模式让缺乏课程意识的教师不知何为，课程目标引领课程内容的方式为体育教师的随意作为提供了理由。体育课程标准对体育课程内容缺乏规定性，造成课程内容选择随意性大的现象普遍存在，甚至成为一部分不求上进的教师作为降低教学质量标准的有力借口；课程内容缺乏规定性带来的另一个问题是各年级、各学段之间可以互相推卸责任，体育教师教学效果评定也缺乏公平的起点，不利于课堂教学质量检查，严重影响了教学效果以及教学

① 张庆新，毛振明．第八次体育课程教学改革（前期）成果与位置评估［J］．武汉体育学院学报，2008，42（11）：86－89.

② 丁英俊，江涛，毛振明．中国学校体育（与健康）课程内容层级衔接［J］．天津体育学院学报，2005，20（4）：67－69.

质量的提高①。

站在课程衔接的视角分析，体育教师在课程内容设置时的随意行为是造成学段体育课程不能有序衔接的重要因素。体育教师缺乏课程管理的意识与能力，即使将体育课程开发与管理的权力下放一些给他们，他们也不能胜任，他们的课程开发与管理水平还有待进一步提高。由于一些体育教师缺乏整体视野和系统思维，每个学段或者每个年级的体育教师仅仅根据本学段或者本年级的课程目标和教学任务设置课程内容，不可能用整体的、系统的方法与理论促进上、下学段的衔接。一些体育教师的课程开发能力不足，不主动更新自己的专业知识与技能结构，总是墨守成规，因循守旧，依据个人的喜好、专长设置课程内容，且与同事缺少沟通，致使设置的课程内容既低级重复、缺少新意，又无学段或者年级之间的差别。所以，基于体育教师在课程内容选择和设计时的随意行为，最终导致学生仅仅学到零散、不成系统、肤浅和无限重复的运动知识与技能。

开发校本课程是三级课程管理的一项重要内容。开发校本体育课程是学校重视和支持体育工作、配合体育课程与教学改革的重要体现。校本体育课程能根据学生的年龄、个性等特征，给不同的学生提供个别化的、有针对性的课程内容，以适应不同学生的成长需要，从而提高课程实施的有效性。然而，一些学校对校本课程开发的重要性认识不足，认为校本课程开发是一件可有可无的事情，甚至认为开发校本课程会影响学校正常的教学工作，影响学校的教学质量和升学率，缺少开发校本课程的积极性、主动性和创造性。有

① 余立峰．区域内规定教学内容是落实三级课程管理制度的关键［J］．中国学校体育，2012（11）：38－39.

些学校虽然意识到了开发校本课程的重要性，但在开发过程中却没有充分研究本校学生的实际，致使校本课程的门类不少，但对促进学生发展和形成办学特色的作用有限。一些学校虽然开发了校本课程，但不是从满足学生发展需求的角度出发①。当学校体育工作没有引起足够重视、学校体育课程与教学改革没有切实可行的保障机制时，校本体育课程内容资源的开发成为学校课程建设的随意行为，基本上处于"说起来有面子，做起来有担子，忙起来撂挑子"的尴尬局面。

第三节　体育课程内容衔接的现实价值

体育课程内容衔接是在全面贯彻国家教育方针的基础上，根据学生身心发展的特点和教育规律，对体育课程内容进行整体设置，既着眼于培养学生终身体育的意识和能力，重视对学生体育核心素养生成的教育，又要体现义务教育阶段体育课程内容的普及性、基础性和发展性，融合学生的生活世界。因此，体育课程内容衔接突显出重大的现实价值。

一、践行整体推进体育课程改革的责任

体育课程是由小学体育课程、初中体育课程、高中体育课程、大学体育课程共同组成的一个课程整体。体育课程作为一门必修课

① 叶莎莎．校本课程走上正轨还有多远［N］．中国教育报，2006－05－16（004）．

程，自学龄儿童接受学校教育之日起，在小学、初中、高中、大学四个相对独立的学段均有开设，并且还硬性规定小学1～2年级每周4课时、小学3～6年级和初中每周3课时、高中每周2课时、大学1～2年级每周2课时的教学任务。如果受教育者不间断地、完全接受四个学段的体育课程，至少经历14年（6年小学体育+3年初中体育+3年高中体育+2年大学体育=14年学校体育）。因此，从时间上说，体育课程在小学、中学、大学全部学段均有开设，是伴随受教育者时间最长的教育内容，在教育系统中扮演了重要的角色；并且，体育课程跨越受教育者人生旅程中童年、少年、青年三个最重要的阶段，对受教育者运动行为的形成和体育习惯的养成具有重要作用。

14年的体育课程是由小学、中学、大学三个阶段的体育课程共同构筑的有机整体，各个学段之间相互影响、相互制约和相互作用。小学阶段体育课程是中学和大学体育课程的基础，较好地完成小学体育课程目标、任务，能够为学生进行下一阶段体育知识与技能的学习奠定良好的基础；中学阶段体育课程是联系小学和大学体育课程的中间环节，不仅需要完成知识、技能、方法传承与嫁接的使命，还要承担应对体育中考、体育高考的任务；大学阶段体育课程是学校体育教育的最后一站，它较多地承担体育课程的社会转移使命。三个学段体育课程的使命与任务环环相扣，共同承担着一个光荣的任务——使学生掌握体育与健康的基础知识、基本技能与方法，增强体质；学会学习和锻炼，发展体育实践和创新能力；体验运动的乐趣和成功，养成体育锻炼的习惯；发展良好的心理品质、合作与交往能力；促进健康生活方式和积极进取、乐观开朗人生态度的形成[①]。14 年的体育课程的目标、任务是一致的，忽略了任何一个学段，都会影响到体育课程整体功能的发挥。

打破学制的分割，加强体育课程内容衔接是体育课程改革的一个热点问题。2001 年启动的新一轮体育课程改革中，无论是三级课程管理模式的推行，还是体育课程标准关于“目标引领内容”的规定，都为体育课程内容的衔接创设了一个宽松的环境。体育课程内容衔接的任务是根据现有体育课程目标，运用整体视野、系统思维，将各个学段的体育课程内容串并在一起，弥合因为学制划分而出现的学段课程之间的“代沟”，设计出各个学段之间错落有致、衔接有序的体育课程内容体系，既保证其作为落实体育课程理念、体育课程目标的第一支撑角色得到很好发挥，又能从整体上推进体育课程改革，实现体育课程系统整体功能最大化。

二、促进学校体育与社会生活的融合

课程与生活有着天然的联系，生活是课程的源泉，但课程又要“通过让人获得新生活、创造新生活而成为新人，成为新生活的创造者”[②]。从学生的生活体验出发实施课程，使学生的生活与文本知识

---

① 中华人民共和国教育部．义务教育体育与健康课程标准（2011 年版）［M］．北京：北京师范大学出版社，2012：6.

② 张楚廷．课程要“回归生活”吗：论课程与生活的关系［J］．课程·教材·教法，2010（5）：3－7.

相融通，让课程重返生活世界，实现科学世界与生活世界的和谐统一[①]，是课程设置的基本目标。

体育课程是一门实践性很强的课程，其内容来源于学生的生活实践，又指向学生的生活世界，促进学生科学、健康、文明生活方式的形成。对体育课程来说，生活世界是运动技能以及各种体育教学素材的主要来源，学生在丰富的生活世界中获得的真理性认识，赋予教学内容以更真实的生活意义[②]；体育课程给学生提供完整、积极的社会生活经验和体育知识结构，激发学生的生活经验、兴趣、需求，帮助学生确立生活信念和获得发展的内驱力。

以促进学生体育生活方式的生成为目标，通过寓体育健康知识学习于体育活动和技能训练中，进而提高学生的体育课程期望价值和体育兴趣，培养自主体育锻炼习惯，形成科学、健康的体育生活方式[③]，是一个全面影响学生学习和生活的过程。它要求以学生自身经验和社会生活为基础挖掘体育课程资源，使课程内容贴近学生的生活经验、兴趣、需求，使运动知识、技术、技能和学生已有的生活知识相对接，即要让我们选择和设置的体育课程内容能够“从生活中来，回到生活中去”。

其实，体育课程衔接除了指时间纵轴上的学段衔接外，还包括横向层面课程内容与学生生活实践的融合。其中，体育课程内容与学生生活实践的密切结合，更加强调书本知识与生活世界的相互联

---

① 邓玉明，李国华．“课程生活化”不要走入误区［J］．中国教育学刊，2006（3）：44－46.

② 潘明．解读体育课程的生活回归［J］．体育与科学，2004（6）：79－81.

③ 杨烨．基于体育生活方式的学校体育课程评价标准［J］．上海体育学院学报，2014，38（2）：74－77.

系，关注学生的经验，注重满足学生多样化发展的需要，从根本上强化了体育课程与教学的生活意义与生命价值[①]。确保体育课程内容与学生社会生活的衔接，设置和选择教学内容时必须考虑与学生日常生活紧密结合，与学生的兴趣爱好、个性需求紧密结合，与未来社会职业特点紧密结合，促进学生健康素养的生成。此外，体育课程衔接还拓展了体育健康教育的时间和空间，构建起“学校—家庭—社区”三位一体的教育模式，把学校体育置于与家庭体育、社会体育相联系的背景下，使得学校体育的发展与家庭体育、社会体育密切协调[②]，对学生实施体育生活化教育，并成为学生健康发展服务的有效途径。

总之，体育课程内容与社会生活的衔接体现出对学生兴趣、爱好的充分尊重，有利于培养学生的体育情感，有利于提高学生的现实生活质量，有利于学生养成体育习惯并为将来构建合理的生活方式奠定基础。选择、设计、组织、实施与学生社会生活经验密切联系的体育课程内容也是提高各个学段体育教学质量的保障，是推动学校体育与社会生活融合的必要措施。

三、关照学生全面发展的需求

所有课程的建设都是为了完善学生学习生活、促进学生成长[③]。

---

① 潘明．解读体育课程的生活回归［J］．体育与科学，2004（6）：79－81.

② 陈琦．从终身体育思想审视我国学校体育的改革与发展［J］．体育科学，2004（1）：40－43.

③ 何永红，龚耀昌．学校如何设计课程体系：基于课程统整的思考［J］．教育科学研究，2014（3）：50－55.

学生的全面发展是通过学校教育渠道为学生提供丰富的科学文化知识，培养学生适应社会发展要求的能力，指学生身体素质、精神素质、智力素质、行为素质[①]的全面提升。促进学生的全面发展是素质教育的根本目标。学校体育是素质教育的重要组成部分，体育课程对于实施素质教育意义重大。它不仅能增强学生体质，教会学生掌握体育基础知识、基本技能与方法，而且对培养学生坚强的意志品质、良好的合作意识和爱国主义、集体主义精神都具有独特的重要作用。

体育课程内容衔接首先承认课程的任务是将学生培养成为具有主体性的“完整的人”，只有把各个学段体育课程内容通盘考虑、整体设计，推进课程内容与社会生活相融合，才能最大程度发挥体育课程在育人方面的整体功能。在受教育的各个阶段学生身心发展程度不同，对体育的需求也不尽相同，只有注重课程内容的多元性、丰富性、灵活性、全面性和综合性，才能保证课程内容衔接的生动性。

学生的身体发育规律、认知发展规律、动作技能形成规律和情感培养规律是体育课程内容衔接的逻辑主线，当前所设计的体育课程内容衔接就是用此主线把小学、初中、高中、大学四个相对独立学段的体育课程内容贯穿起来，根据学生主体性发展的要求，选择和设置满足学生全面发展的体育课程内容。

学生的身体发育、认知发展、动作技能形成和情感培养各有其明显的阶段性特点，如小学阶段的学生年龄一般是 6～12 岁，正处

① 周庆元，胡绪阳．如何理解学生的“全面发展”［J］．教育研究，2005（7）：34－37.

在身心发展的特殊阶段，从身体发育情况看，学生的身体还没有完全发育，骨骼、肌肉、血液循环以及脑神经等组织都处于快速、明显的增长期，但都不是稳定的增长，没有明显的规律可循；从心理上看，学生的感知觉具有明显的无意性和情绪性，体育学习热情较高但兴趣多变，注意不稳定且缺乏持久性，以形象思维为主；从动作发展情况看，学生还不具有基本的运动知识与技能，动作稳定性差且易变形。此阶段的课程内容既要简单，以照顾学生处于基本空白状态的运动知识与技能，又要多样，以照顾学生多变的兴趣和不同的需求。同时，在选择课程内容时，注意从生活中选取教材，以增加课程内容的趣味性，引导学生的学习兴趣，培养学生的课程参与意识和运用能力。到了初中阶段、高中阶段、大学阶段，体育课程内容的设置要照顾不同学段学生全面发展的需要，在此不再赘述。

加强体育课程内容的衔接，根据学生在不同阶段的身心发展特点和规律开展有针对性的体育教学，对于突出学生在学习中的主体地位，激发学生自主学习的兴趣，增强学生运用运动知识与技能的主动性将起到很大的作用。

四、顺应现代课程理论与实践的发展

我国课程理论在几十年的发展中已经取得了很大的成就，尤其是随着我国课程改革的不断深入，我国基础教育课程研究以现代化发展为主题，拓展了研究的问题域，形成了符合中国实际的研究问题域及研究的新视域[①]，因此，体育课程内容衔接的理论探讨也走入了研究视野。

从体育课程内容衔接与课程理论发展的关系来看，首先束缚体育课程内容衔接依托于课程理论的发展，摆脱“工具理性”的束缚，在“实践理性”与“解放理性”的价值基础上深入理解课程[②]，形成了具有体育学科特色的“课程话语”，并逐渐进入本学科的研究领地。其次，它追随课程理论研究中课程内容综合化和整合化的取向，强调人的能力发展的综合性、强调综合化的课程来整合知识与生活世界的联系[③]，有利于从宏观视野探寻体育课程内容与社会生活融合的维度。最后，当前课程理论比较关注课程内容和学习经验的横向组织和课程各要素所形成的水平关系、垂直关系，在此基础上把握课程内容统整性原理和衔接性原理，能够为体育课程内容的有序衔接提供思路。

在课程改革的背景下，课程日趋实践化、过程化，以课程内容为主题的课程实践活动逐渐突出。当前课程内容的实践活动已经终结了传统的以百科全书为范式的课程内容选择的价值取向时代，正在实现由“囊括式”选择课程内容向“精选式”选择课程内容的转变，其目的在于培养学生“21 世纪社会所需求的能力”，即“学习

① 裴娣娜．论我国基础教育课程研究的新视域［J］．课程·教材·教法，2005（1）：3－8.

② 张华．走向课程理解：西方课程理论新进展［J］．全球教育展望，2001，30（7）：40－48.

③ 姜俊和，郝世文．论当代课程论的超越与创新［J］．教育科学，2006，22（5）：36－38.

者自身去创造新知识框架的能力"[①]，鼓励学习者根据个人深层的精神世界和生活体验去寻找课程的意义，去主动构建知识结构。体育课程内容衔接跟随课程实践活动的导向，主张基于不同阶段学生身心发展需求而开发、选择、设计课程内容，鼓励学生基于个体的经验构建运动知识与技能，体验运动的乐趣，养成终身体育的习惯。

总之，体育课程内容衔接是课程理论和课程实践不断丰富、完善的过程，这一过程既是适应科学知识综合化的趋势及总体化要求的结果，又是当代课程理论发展与实践结合的必然结果[②]。它围绕体育课程内容的选择和设计是否满足学生的需要并且有利于促进学生的发展这一根本问题，在体育课程理论与实践执行的细节与整体中，探寻现代体育课程理论的立场及今后体育课程实践的动向。

① 钟启泉．开发新时代的学校课程：关于我国课程改革政策与策略的若干思考［J］．全球教育展望，2001（1）：14－20，54.

② 姜俊和，郝世文．论当代课程论的超越与创新［J］．教育科学，2006，22（5）：36－38.

第三章 体育课程内容衔接的理论指导

课程的理论基础也可以称为课程的学科支撑，是指那些对课程的建设和发展起决定性作用的基本理论。这些基本理论既为课程设计、实施和评价提供方法论指导，也为课程理论与实践提供许多重要概念和基本原理。目前，学界比较一致地把哲学、心理学和社会学作为课程研究的理论基础[①]。体育课程研究与现代课程研究的理论基础很相近，同样以哲学、心理学和社会学为理论基础。但是，体育课程是以身体练习为主要内容的学科，它的研究内容包括身体生长规律的相关知识，因此，有必要向生物学科寻找生理理论依据。本书汲取当前学界的共识，围绕哲学、心理学、社会学、教育学和生物学五大学科的相关基础理论寻找体育课程内容衔接的理论基础。

所谓哲学原理，即坚持以人为本的教育理念，注重学生的身心全面自由发展；所谓心理学原理，即要求课程内容要符合学生身心发展的规律，满足学生身心发展的需求，促进他们身心的不断发展；

① 从立新．课程论问题［M］．北京：教育科学出版社，2000：23.

所谓社会学原理，即坚持课程内容与生产劳动相结合，适应社会对劳动者层次、规格的需要；所谓教育学原理，即课程内容的衔接与教育的本质、职能、目的、任务等对应；所谓生物学原理，即课程内容的设计与学生身体发育规律相适应。

第一节　体育课程内容衔接的哲学观照

哲学的根本任务在于给人类以思维方式的支撑，引领各个领域理论研究与实践范式的发展嬗变。无论是教育思想、课程理论，还是课程改革、教学实践，无不遵循哲学的思维方式。教育思想最先来源于哲学家的头脑，思考和论述教育问题者主要是一些在哲学、政治学、伦理学、教育学等领域做出开拓性贡献的思想家，如古希腊的大哲学家苏格拉底、柏拉图、亚里士多德，中国的孔子、孟子等。近现代的教育思想均可在先贤圣哲们的哲学思想体系中找到源头。

现代学者以哲学方式研究课程，多是从哲学体系中诠释课程的价值，即关注课程的价值层面。这本无可厚非，因为教育思想与哲学思想密不可分，教育与哲学的关注点同时聚焦在人的发展这一问题上，哲学对“人”的系统、深刻的思考方式，以及在此基础上建立的深邃的思想体系为探究教育问题提供理论基础、思维方式和价值导向。以课程的哲学价值为起点，从哲学尤其是教育哲学的体系中探寻阐发体育课程内容衔接的观点，理解当前体育课程内容所明示或隐含的价值观念，阐述课程内容的选择和设计应渗透的价值理念，可以更好地回答“体育课程内容为什么要衔接”的问题。

一、激发主体意识

所谓主体性，是指人作为社会实践活动的主体的质的规定性，是人在与客体相互作用中不断得到发展的自觉能动性和创造的特性①。在康德之前，主体性被理解为人作为主体在认识客体、征服客体和创造客体的外部实践中的主动性、能动性和创造性，主体性就是人在外部对象世界中的外部行动自由。而康德认为“我思”作为一个逻辑主体，是一切先验概念为之运转的轴心，是一切认识活动的形式条件②。继康德之后的哲学家把理性思维看作人的本质功能，强调人认识世界和改造世界的自主性、能动性和创造性。

教育是培养人的活动。在教育活动中，学生是受教育者，是教育的对象，同时又是教育活动的主体。学生的学习、发展依赖于他自身的动机与选择、兴趣与努力。没有学生的主动参与就没有教育或没有真正的教育③。培养学生主体参与的意识与主体参与的能力，使学生真正成为学习的主体，从而使其获得自由、全面的发展，成为具有独立性、自主性和创造性的社会人才是素质教育的核心。学生在教育过程中的主体性主要表现为对教育内容选择和加工的自主性、选择性、能动性和创造性④。从某种意义上说，在素质教育追求

---

① 王坤庆. 人性、主体性与主体教育［J］. 华中师范大学学报（哲学社会科学版），1997，36（4）：114－118.

② 张建云，郑玉香. 论主体意识与主体性问题［J］. 社会科学辑刊，2003（1）：41－44.

③ 王道俊. 主体教育论的若干构想［J］. 教育学报，2005，5（1）：3－17.

④ 冯建军. 主体教育理论：从主体性到主体间性［J］. 华中师范大学学报（人文社会科学版），2006，45（1）：115－121.

主体性发展的过程中，学生是一个个性突出、行动自由的个体。

教育要想促进学生的主体性发展，首先需要生成、构建、培养与调动学生的主体意识。主体意识就是体会主体存在，不可“只见物（教育客体或事物发展规律），不见人（置人的身心发展规律于不顾）”。关注主体意识就是满足主体需求；关注主体意识就是以发展主体为终极目的①。激发学生的主体意识其实是让教育内容以满足学生身心发展的需求为导向，注重传授给学生所需要的主观性、个性、情景性、体验性知识与技能。

尊重学生的需求，尊重学生的发展成长规律，激发学生的主体意识，并以此作为体育课程内容选择和设计的内在尺度，已成为新一轮体育课程改革所遵循的重要原则。然而，陈旧的课程内容、重复的课程设置、单一的课程结构、封闭的知识技能体系，难以反映现代社会发展的新内容，难以适应体育课程标准的新要求，难以满足学生基于个体经验和社会生活实践所产生的体育需求，不能体现出对学生身心发展规律的尊重，当然无法激发学生的主体意识。欲达到激发学生主体意识的目的，并发挥学生在课程内容选择与设计中的主体性，必先把学生从传统的教师包办的课程内容设置模式中解放出来，赋予学生一定的课程内容选择和设计的权利，充分听从学生对体育课程内容设置的意见，让学生根据个人经验在社会生活实践中去理解和体悟体育课程内容。

① 孙鹤娟．“尊重的教育”的核心在于解决教育的主体意识问题［J］．东北师范大学学报，2001（5）：17－20.

二、克服二元对立

世上万事万物皆具有差异的、矛盾的性质，并且表现为对立的形态，如美与丑、真与假、虚与实、善与恶、正与反、是与非、阴与阳等。根据事物对立的规律，传统的哲学把人与世界的关系分割为主观与客观、身体与心灵、思维与物质、理性与感性等，并且认为知识是通过理性的抽象得来的，是客观的、科学的、可靠的；经验则是通过感官知觉得来的，是主观的、感性的、不可靠的[①]。然而，知识与活动并不是二元对立的，“知识作为行动，就是考虑我们自己和我们生活的世界之间的联系，调动我们一部分心理倾向，以解决一个令人困惑的问题”[②]。因此，在认识世界的过程中，“我们的身体”，即“己身”（le corps propre），是知觉主体，是“有所体验的身体”（le corps vecu），这是一种有意向的身体，绝非机械的、呆板的肉体[③]。在教育实践中，学校体育是促进受教育者的心智与身体完美结合、共同发展的典范。从功能来说，学校体育既是增强学生体质的主要内容，又是培养学生意志品质的载体；从实践效果来看，学校体育既促进学生的身体参与，又促进学生运动情感的建立。

体育课程内容是伴随学生的身体活动、表达其参与意愿的载体，

① 蒋雅俊．论杜威的经验哲学与经验课程哲学［J］．南京师范大学学报（社会科学版），2013（4）：88－96.

② 约翰·杜威．民主主义与教育［M］．王承绪，译．北京：人民教育出版社，2001：362－363.

③ 贾玮．“身体图式”对于二元对立的突围［J］．东岳论丛，2011，32（7）：79－82.

其承载着学生学习的兴趣、动机及情感需要。因此，体育课程内容的选择和设计需要最大限度地满足学生对体育运动知识、技能的渴望与需求，注意调动学生认知与身体活动的积极性和主动性，并用整体哲学观把学生的身、心活动结合在一起，使增强体魄与激发兴趣相结合，消解身与心的二元对立。

体育课程内容衔接的研究也是在努力缓解理想与现实之间的二元对立局面。既定的体育课程标准是一种理想状态的课程方案，只有实施于现实的课堂教学才能体现它的价值。从课程标准的制定到课程标准的实施需要多环节、多渠道的落实。体育课程内容衔接在既定标准与标准实施之间架起了一座桥梁，它把课程内容作为专题进行研究，旨在设计出整体上能够提升课程标准实施质量的内容，把体育课程标准的实施引向深入。

三、谋求全面发展

人的全面发展是人之为人的规定性，即人的本质和人性的全面生成、丰富和发展①。它既是人性的内在向往和本能的自然追求，也是社会进步和发展的外在要求②。也就是说，人的全面发展不仅仅意味着由初始阶段逐步走向更高阶段这一过程在时间上的不间断特性，更意味着潜能蓄积和潜能实现的相互促进、交替建构的不间断特性③。人的全面发展既是一个生理、心理自然成长的过程，更是一个

① 吴向东. 对人的全面发展内涵的解释［J］. 教学与研究，2004（1）：84－87.

② 扈中平. “人的全面发展”内涵新析［J］. 教育研究，2005（5）：3－8.

③ 王本余. 儿童权利的基本价值：一种教育哲学的视角［J］. 南京社会科学，2008（12）：125－131.

生理、心理与社会、文化诸因素交互作用的过程，教育在人的全面发展过程中起到关键性作用。

20 世纪 70 年代兴起于北美的一种以促进人的整体发展为主要目的的全人教育思潮，提倡教育不仅要实现个体在智力和职业能力方面的发展，而且要实现个体在生理、社会、道德、伦理、创造性、精神各方面的发展，重视教育过程中的经验、选择与合作①。它在培养学生健全人格、理性智慧、专业技能和领悟生命尊严、生活价值等方面产生过很大的影响。

实现人的自由、全面发展是马克思主义者的一贯主张，也是当前我国素质教育的主旨。随着教育领域对“培养什么样的人”的探索持续深入，我国逐渐明确了教育的目的是培养“德、智、体、美等全面发展的人”，也确立了体育在培养“全面发展的人”的过程中与德育、智育、美育同样重要的地位。实践证明，在教育过程中出现的“重智轻体”、把体育列为“小三门”等与应试教育相关的现象，犯了极端功利主义的错误，是一种“拔苗助长”式的短视行为，也是一种“一叶障目”的做法，既违背了学生身心发展的规律，又极其不利于把学生培养成为“全面发展的人”。

青少年学生是祖国发展的希望，学生的自由、全面发展以健康体格为基本保障。“体格不强，何谈栋梁?”因此，学校体育得到了一定程度的重视，体育课程也被看作是一门旨在培养学生健康体魄的必修课程摆在教育的重要地位，体育课程的设计、实施、评价等各个环节也都得到一定的重视。突出学校体育课程整体效果的小学、

① 刘宝存. 全人教育思潮的兴起与教育目标的转变［J］. 比较教育研究，2004(9)：17－22.

中学、大学各个学段的体育课程内容衔接，可以有效地整合课程资源，构建完善的体育课程体系，发挥学校体育课程在促进学生全面发展中的整体功能。

四、回归生活世界

“生活世界”是一个很容易理解的日常词汇，20 世纪初已经作为流行词汇被广泛使用。德国的现象学家、当代哲学中的现象学运动创始人艾德蒙特·胡塞尔在其晚年时期批判当时欧洲出现的“过分着迷于实证主义的科学理论，从而遗忘了或掩盖了人生存于其中的生活世界”[①] 现象，重提“生活世界”这一命题，期待回到被近代自然科学所掩盖的那个“生活世界”。胡塞尔所指的“生活世界”包括“日常生活世界”和“原始生活世界”，是一个“自然而然的世界——在自然而然、平平淡淡过日子的态度中，我们成为与别的作用主体的开放领域相统一的、有着生动作用的主体”[②]。生活世界中蕴涵着一种新的动态生成性思维方式和人本化价值观念[③]，因此，回归生活世界，还原本真生活，实际上是以人为本，促使人还原为完整的、有生机的主体，尊重人的“生活经验”，还原人的“履历情境”，实现人与世界的和谐、统一。

---

① 张廷国．胡塞尔的“生活世界”理论及其意义［J］．华中科技大学学报（人文社会科学版），2002（5）：15－19.

② E·W·奥尔特，邓晓芒．“生活世界”是不可避免的幻想——胡塞尔的“生活世界”概念及其文化政治困境［J］．哲学译丛，1994（5）：63－68.

③ 张庆华，邵景进．“生活世界”视域下课程文化的重建［J］．教育探索，2013（3）：6－8.

教育是一种生活，也是一个生命开展的过程。只有从将受教育者作为感性个体的哲学基础出发，教育才可能获得自己的内在性，否则，教育只能是一件生存的工具，没有精神，没有灵魂①。因此，教育不能独立于生活世界，更不可能取代生活世界，它需要经常返回到生活世界中来，观照受教育者的感性与理性需求，融通教育与生活世界的关系。卢梭在《爱弥儿》中指出，教育来自人与自然、来自人与他人的关系，即教育来自人与他相关的自然环境与社会环境的相互关联。杜威用“经验”来诠释“生活”，又用“生活”和“经验”来诠释教育，并在自然主义的经验哲学以及“教育即生活”“教育即生长”“教育即经验的改组和改造”等观念的指导下，提出了以“经验”为核心，围绕儿童的经验展开，以扩充儿童的经验为目的的课程观②。在教育实践中，课程、教学联系学生生活和社会实际成为课程改革的理念，从学生生活世界的角度建构课程体系，成为当代课程改革的重要目标，也是课程改革的基本任务。

体育课程回归学生的生活世界是新一轮体育课程改革的基本理念，也是本书的着力点。体育课程回归生活世界具有先天的优势和必然的趋势，主要因为以下几点：首先，体育课程内容源于生活。体育课程的内容源于生活中必备的基本动作，如走、跑、跳、投、攀爬、腾跃等，这些反映人体基本运动能力的动作经过专业的挑选、精心的设计、科学的组合成为具有竞技性、健身性和实用性的课程内容。其次，掌握体育课程内容与开拓幸福生活具有直接的联系。

① 高伟．体验：教育哲学新的生长点［J］．湖南师范大学教育科学学报，2003，4(2)：3－8.

② 蒋雅俊．论杜威的经验哲学与经验课程哲学［J］．南京师范大学学报（社会科学版），2013（4）：88－96.

学生根据身心发展的需要学习和掌握体育课程内容所规定的基本知识与技能，能够增强体质，激发兴趣，发挥特长，丰富和充实个人的生活世界。最后，体育课程内容所蕴含的运动知识与技能是学生营造幸福生活之必需，学生掌握、运用运动知识和技能与开拓幸福生活之间存在着紧密的联系。

第二节　体育课程内容衔接的心理学指导

从教育发展史来看，古代很多教育学家十分关注受教育者心理的发展。例如，我国古代著作《论语》中收录有孔子（公元前551～公元前479年）“不愤不启，不悱不发。举一隅不以三隅反，则不复也”的说法，强调传授教学内容和使用教学方法时需要从学生的心理接受程度出发。西方国家比较注重课程设置与心理因素的联系，如希腊先哲亚里士多德（公元前384～公元前322年），提出按照儿童的年龄特征划分教育阶段，并且为各个阶段设置相应的课程，他关于心理功能的分析对后来学校课程的影响深远。19世纪德国哲学家、心理学家，被誉为“科学教育学的奠基人”的赫尔巴特从观念心理学出发，对课程进行了多方面的探讨，从受教育者的兴趣出发提出并论证了课程结构，从观念的运动说明学生获取知识的过程，从新旧观念的联系讨论教材的安排顺序，甚至从学生心理活动的连续性置疑分科课程的合理性①。后来，杜威以机能主义心理学为基础

① 从立新．课程论理论基础的心理学转向：从学习心理学到发展心理学［J］．北京师范大学学报（人文社会科学版），2000（4）：25－31.

建立起了经验自然主义课程论。泰勒则根据贾德、桑代克的心理学理论提出了著名的“泰勒原理”。随后，又出现了威廉·C. 巴格莱的以心理训练说、智力训练说为基础的要素主义课程论，布鲁纳的以发现学习论为基础的结构课程论，罗杰斯的以人本主义心理学为基础的人本主义课程论，以及 20 世纪末派纳的以弗洛伊德心理学为基础的概念重建主义课程论①。这些都说明了国内外的教育学家、课程专家非常重视课程理论与心理学的结合，把心理学看作课程理论的基石。

自 1879 年德国学者冯特建立心理实验室，心理学成为一门独立的学科以来，众多学派相继产生，如构造主义、机能主义、格式塔学派、行为主义、精神分析、认知理论、信息加工、人本主义等，各个学派的心理学在三个层次上对课程产生作用：其一，知识层面，心理学为课程论提供概念和理论解释课程现象；其二，价值层面，心理学扮演着哲学作用于课程的中介者，为课程价值的实现提供“人”学的理论支撑；其三，方法论层面，心理学为课程提供理论研究和实践探索的方法论依据②。本书综合各大心理学流派，从中撷取在教育发展史上影响深远且与课程理论关系密切的观点作为理论基础，从中探寻体育课程内容衔接的心理学原理，探究体育课程内容设计与选择所遵循的心理规律。

---

① 胡斌武. 课程心理学基础研究述评［J］. 兰州铁道学院学报（社会科学版），2002，21（2）：130－133.

② 和学新，张丹丹. 课程的心理学基础研究的问题反思与走向［J］. 全球教育展望，2012，41（5）：15－21.

一、建立“刺激—强化—反应”的联系

19世纪末，著名心理学家桑代克首创迷箱实验，并通过实验创立了联结主义学习理论。桑代克认为刺激同反应有着一定的联系，刺激与反应融合形成一种联结。行为主义心理学的创始人华生把动物行为研究和人类行为研究联系起来，认为所有复杂行为都只不过是通过所谓“习惯形成”（habit formation）的过程串连起来的一系列习惯。习惯建立在反射的基础上，每个反射是由特定的刺激引起的。因此，如果知道有机体的过去，就能预测反应；或者说，如果观察到反应，就可以了解刺激①，于是建立了“S－R”公式。该公式中的刺激（S）总是由体外环境和本身的肌肉运动和腺体分泌所提供，是在一定时间内作用于器官的刺激总和；反应（R）是指继刺激而来的全部横纹肌、平滑肌和腺体的变化，也就是指运动性变化②。

新行为主义者斯金纳在华生的“S－R”行为公式的基础上，经过对人和动物的学习进行的长期实验研究，提出了“刺激—强化—反应”公式。斯金纳认为所有行为都可以分为两类：应答性行为和操作性行为，应答性行为是由已知的刺激引起的，而操作性行为是由机体自身发出的，最初是自发的行为，后因强化成为特定情境中

① 赵端瑛．约翰·布罗德斯·华生（John Broadus Watson，1878—1958）［J］．应用心理学，1982（2）：55－57.

② 乐国安．从华生到斯金纳——新老行为主义者的比较［J］．应用心理学，1982（2）：27－30，15.

随意或有目的的操作，这种操作利于个体适应环境[①]。据此，他提出了“操作性条件反射”的概念，有时被称为操作性学习，是学习的一种重要形式，在这个过程中人类和动物学会了将他们的行为与产生的结果联系起来[②]，即如果一个操作发生后，接着呈现一个强化刺激，那么这个操作的强度（概率）就增加，也就是说有机体通过自己的操作对行为产生强化作用[③]。因此，斯金纳认为，人的一切行为几乎都是操作性强化的结果。

“刺激”其实是关于课程内容选择的观点，是从教学有效性角度对课程内容的关照。无效的课程内容产生无效教学，有效的课程内容产生有效教学。因此，选择和设计课程内容就是面对选择刺激，提供强化，具体体现在两个方面：第一，以新异的课程内容唤起学生的注意。当学生在一定程度上掌握了运动知识与技能时，需要及时更新课程内容，为学生的学习提供新“刺激”。第二，以学生的需求为导向设置体育课程内容。当学生已学习了相关课程内容，掌握了一定的运动知识与技能，明显地感受到力量有所增大、速度有所增快、柔韧有所增强、灵敏有所提高、耐力有所改善，或者体会到超越身体极限、克服心理障碍的快乐，感受到成功的喜悦时，很容易带来强烈的反应——学生的体育需求得到激发，从而建立“体育需求—课程内容”的直接联系。在学生的体育需求得到满足时，便

① 靳伟涛．深入分析斯金纳的惩罚观点［J］．社会心理科学，2009，24（6）：34－38.

② 阮晓钢，武璇．斯金纳自动机：形成操作性条件反射理论的心理学模型［J］．中国科学：技术科学，2013，43（12）：1374－1390.

③ 乐国安．论新行为主义者斯金纳关于人的行为原因的研究［J］．心理学报，1982（3）：335－341.

会期待体育课程内容带来的新“刺激”。例如，当学生初步掌握了篮球运球、传球、投篮等基本技术和防守、进攻等基本战术时，便会期待掌握与运用技术及规则并参加比赛。

二、注重运动技能学习的心理过程

从S－R联结的观点看，动作学习就是人的外显动作行为在外部影响作用下的变化过程，动作学习的结果就是形成稳定、连贯、准确的动作序列和动作习惯[①]。如何才能到达动作学习的结果呢？即如何获得运动技能呢？费茨和波斯纳（Fitts & Posner，1967）提出了动作学习的三阶段模型，从认知心理学角度把一般运动技能的获得分为三个阶段。

第一阶段为认知阶段，也可以叫作动作定向阶段。在这个阶段中，学生首先要认知动作技能的结构，对动作系统有初步认识，在头脑中形成完整的目标意象，即有关动作形式的表象，用表象调节动作并掌握局部动作。在这一过程中，编码是重要的环节。学习者对信息的编码既可以是具体的，也可以是抽象的；既可以是词语的，也可以是视觉的。

第二阶段为联系阶段，是由动作定向向动作协调完善阶段发展的过渡阶段。在这一阶段，心理发展要经过程序化和组合两个过程。程序化是指将工作记忆中激活的陈述性知识创建为新的产生式这一认知过程。在上一个阶段，学习者已经掌握了动作的陈述性知识，

① 丁俊武．动作技能学习理论的演变及发展展望［J］．北京体育大学学报，2007，30（3）：420－422.

在使用陈述性知识操练活动时，必须将每一步的理论知识和分解动作相对应，用理论指导动作的进行，经过多次训练，一些新的产生式就形成了，一系列分解动作就程序化了。组合是指将两个或多个产生式组合成产生式系统的过程。组合的结果是使一系列分解动作更为流畅，成为一体。经过程序化和组合，学习者的动作逐渐熟练，上一阶段的表象调节和有意识控制也减少了。

第三阶段为自动化阶段。此时，肌肉骨骼动作实现程序化、自动化和完善化，达到操作的熟练，所形成的各种动作方式对外在变化的条件具有高度的适应性①。

根据运动技能形成的三阶段说，在进行体育课程内容的设置时首先要树立整体视野和宏观思路，确定明确的新授课、练习课、复习课的目标，合理设置学时、学期、学年、学段的课程目标与内容，将学习任务整体呈现给学生，让学生对此阶段的课程内容进行宏观了解，在心理上做足准备，知道学什么，而且初步知道怎么做。其次，在进入运动技能学习的第二阶段，有必要强化课程内容的设置，允许存在适当的重复内容，让学生在不断重复的学练过程中排除过去经验中习惯的干扰，建立正确的动作概念。因此，体育课程内容的整体性和适当的重复性对学生运动技能的形成具有重大作用。

三、把握动作技能的迁移规律

迁移理论一直是教育心理学、学习心理学研究的一个重要内容。所谓迁移就是“过去的学习经验对现在学习过程的影响；或是现在

① 张景焕．教育心理学［M］．济南：山东人民出版社，2010：179－180.

的学习对学生将来学习的影响"[①]。百余年来，随着人们对学习迁移现象研究的不断深入，迁移理论成果得以丰富，从最早的官能—形式训练说发展到20世纪80年代以后出现的一些从认知的角度解释迁移机制的新理论。在众多迁移理论中，尤以图式理论、共同要素理论和元认知理论最为出名。图式理论主要建立在问题解决迁移研究的基础上，强调图式获得和规则自动化对迁移的影响；共同要素理论主要建立在技能迁移研究的基础上，强调两种技能共用过程性知识的数量对迁移的影响；元认知理论则建立在学习迁移研究的基础上，强调元认知知识和元认知监控在迁移中的作用[②]。不同的迁移理论尽管在具体说明迁移现象上的角度和看法各不相同，但它们大都承认"迁移是学习者利用认知结构的原有观念，通过思维对新课题内容进行分析、概括，在揭示新旧课题共同本质基础上发生学习转迁"[③]。

运动技能的学习过程中迁移现象主要体现为三种类型：第一种是两侧性迁移，即身体一侧器官的学习向另一侧器官的迁移，在人体中的对称部位确有此现象，即右手—左手、左腿—右腿表现得很强；其次是同侧部位，即右手—右脚、左手—左脚；最弱的是位于对角线上的部位，即右手—左脚、左手—右脚。第二种是语言—运动迁移，即事先进行过语言训练的实验组在技能学习的成绩方面比

---

① SOUSA D A. How the Brain Learns: A Classroom Teacher's Guide (2nd ed) [M]. Thousand Oaks: Corwin Press, 2001: 136.

② 李亦菲，朱新明．对三种认知迁移理论的述评［J］．心理发展与教育，2001（1）：58－62.

③ 王新如．迁移理论及其在教学中的应用［J］．课程·教材·教法，1997（9）：14－19.

未进行语言训练的控制组好，实验组运动学习的效率得到提高。第三种是运动向运动的迁移，就是从一个运动技术学习向另一个运动技术学习的迁移问题，如本项目之间的迁移，徒手体操与单杠、双杠的迁移；不同项目之间的迁移有短跑与足球、足球与篮球、武术与体操等；体育运动与其他活动之间的迁移，如体育成绩好，军事训练成绩、舞蹈有可能也学得好①。在课程设计与教学实施过程中，如果能够把握运动技能之间的联系，利用运动技能的迁移规律，既可以照顾到学生学习的能力，又可以促进运动技能的提高，为课程与教学带来事半功倍的效果。

在进行课程内容整体设计时需要考虑运动技能的迁移规律。课程内容的编排要按照有先有后、有轻有重、有次有主的顺序，如在学习篮球、排球、足球等课程内容之前有必要掌握跑、跳、投基本动作技术，因此，小学阶段多以田径项目为主，该项目的学习，能够为学生学习篮球、排球、足球等项目奠定基本的运动技能。再如，学习篮球课程内容中的行进间投篮之前，必须先安排原地运球——行进间运球，原地单手肩上投篮——急停跳投，然后再把这些技能综合运用到行进间运球投篮的学习中，这样会使课程的实施更为有效。同时，还需要注意，先前任务的掌握程度决定向后续任务迁移量的大小，也就是说，当学生通过连续练习具备了相对稳固的运动技能后，才有可能将此运动技能迁移至下一个技能的学习。因此，为了保证运动技能发生迁移，允许一定程度的课程内容重复也是可取措施。

① 马启伟．体育心理学［M］．北京：高等教育出版社，1996：156－157.

四、突出自主构建知识的过程

自主构建知识是建构主义心理学派最重要的观点。建构主义心理学派对教学理论做进一步的拓展、延伸、检验和应用，形成了不同的理论分支，如皮亚杰的个体建构主义、维果茨基的社会建构主义以及布鲁纳的发生认识理论等。

最早明确提出并详细论述建构主义概念的当属瑞士哲学家、心理学家让·皮亚杰。皮亚杰的根本立场就是用心理学的方法（或曰“通过发生心理学的途径”）去解决认识论的核心问题之一，即解决作为全部认识基础的康德意义上的基本逻辑范畴之起源问题①。皮亚杰不再拘泥于“人类是如何从一个低水平的知识状态进入一个高水平的知识状态”，而是用建构主义的思想来回答这一问题②。皮亚杰认为，观念的更新、态度的改变、认识结构的发展，不是在主体内部发生的，而是在主体与客体的相互作用中产生的③，即“知识是主体和环境或思维与客体相互交换而导致的知觉建构”④。主体在与周围环境的作用中存在适应和建构的倾向，主体所完成的一切建构

① 李其维，弗内歇．皮亚杰发生认识论若干问题再思考［J］．华东师范大学学报（哲学社会科学版），2000，32（5）：3－10，73.

② J. Vonèche，李其维．皮亚杰理论，新皮亚杰学派及其他：Jacques Vonèche 教授访谈录［J］．心理科学，2000，23（4）：470－476.

③ 石向实．认识论与心理学［M］．北京：东方出版社，2005：63－67.

④ BELL－GREDLER M E. Learning and Instruction：Theory into Practice［M］. New York：Moumillan，1986：191.

都以先前已有的内部条件为前提[①]，通过同化、顺应、平衡过程适应环境并不断建构和完善其认知结构（皮亚杰所称的“认知图式”），实现认知发展。皮亚杰的认知理论强调个体的自我建构，奠定了个体认知建构主义理论的基础。

建构主义的另一支流派是苏联卓越的心理学家维果茨基开创的社会建构主义。社会建构主义是指人在和他人的相互作用之中，建构自己的认识与知识。也就是说，知识和理解是认识主体建构的。这种知识建构的活动是在社会文化的背景之中，作为个人的认识活动与社会文化情境的交互作用的结果形成的[②]。在维果茨基的理论中，对社会建构主义产生巨大影响的主要有三个：其一，意义的产生。在学生意义的产生中，社会起核心作用，儿童周围的人群在很大程度上影响了他们认识世界的方式。其二，认知发展工具。认知发展工具的类型与性质决定了儿童认知发展的方式和速度，认知发展工具一般包括对学生认知发展起巨大作用的成人、文化与语言。其三，最近发展区理论。教师在教学中可以将这一理论作为儿童发展的指导，并通过支架的帮助使儿童达到其最高的发展水平，从而使教师改变传统的教学理念，引导、帮助儿童通过自己的努力达到最高的发展[③]。与皮亚杰个体认知理论不同，维果茨基更加关注社会性的客观知识对个体主观知识建构过程的作用，更关注学习过程中社会情境的作用以及经验在学习中所起的作用。

---

① 皮亚杰．发生认识论原理［M］．王宪钿，等译．北京：商务印书馆，1985：104.

② 钟启泉．社会建构主义：在对话与合作中学习［J］．上海教育，2001（7）：45－48.

③ 王文静．社会建构主义研究［J］．全球教育展望，2001（10）：15－19.

美国著名心理学家布鲁纳将他所擅长的心理学理论运用于教育与教学问题的研究，在心理学和教学论领域的交界处开拓了新的研究阵地，对儿童的智力发展、学习与认知的过程、课程与教材的编制设计，以及教学方法改革等重要问题做了深入探索，并汲取了皮亚杰关于“发生认识论”等的研究成果，提出了不少有独创性的见解，并据此创立了建构主义教学论派①。他将心理学理论与教育教学问题相结合，探索学生认知的“发现”规律，强调学生应在教师启发引导下按自己观察事物的特殊方式表现学科的结构，借助于教材或教师提供的其他材料来亲自探索或“发现”事物，主动地概括应知应会的基本原理或规律性知识，并在学生学习行为的知识获得、转换、评价三个过程中广泛使用“发现法”，运用动机、结构、程序、强化四项教学原则，使学生主动地、有兴趣地产生学习的行为，培养他们获得知识和创造发明能力。

尽管建构主义的不同流派具有各自的观点，但他们都强调知识是由认知主体积极建构的；学习者是意义的主动建构者，而不是被动的接受者。他们更关注如何以原有的经验、心理结构和信念为基础来建构知识。他们强调学习的主动性、社会性和情境性②，反映和代表了特定时期教育理论发展和改革的基本诉求，促进了世界各国教育理论与实践的发展。我国在20世纪八九十年代主动引进建构主义教学理论，并将其作为第八次全国基础教育课程改革的立论依据之一，指导当前我国课程与教学的改革实践。因此，建构主义教学

---

① 布鲁纳著．布鲁纳教育论著选［M］．邵瑞珍，张渭城，等，译．北京：人民教育出版社，1989：2.

② 张建伟，陈琦．从认知主义到建构主义［J］．北京师范大学学报（社会科学版），1996（4）：75－82，108.

理论也是本书的主要理论依据。

建构主义认为，学习是一个积极主动的建构过程，学习者不是被动地接受外在信息，而是主动地根据先前认知结构注意和有选择性地知觉外在信息，建构当前事物的意义。这种建构过程是双向性的：一方面，通过使用先前知识，学习者建构当前事物的意义，以超越所给的信息；另一方面，被利用的先前知识不是从记忆中原封不动地被提取，而是本身也要根据具体实例的变异性而受到重新建构。由于要进行这种双向建构，学习者必须积极参与学习，必须时刻保持认知灵活性。学习者的建构是多元化的，由于事物存在复杂多样性、学习情境存在一定的特殊性以及个人的先前经验存在独特性，每个学习者对事物意义的建构将是不同的[①]。因此，建构过程其实就是学习者智慧获得、智力发展的过程，它是在主体已经建立起来的思维结构之上，充分发挥个体的主观能动性，去认识和把握独立存在的客体结构，这是“一个从比较低级简单的结构不断向比较高级复杂的结构过渡的永无止境的创新过程”[②]。

与社会生活或者是个体经验相衔接的体育课程内容不是从概念到概念，而是尽量从学生的生活经验入手，唤醒并激活学生原有运动知识与技能经验，激发学生在此基础上学习和运用运动知识、技术、技能的兴趣，创设与生活相结合的学习情境和氛围，引导学生整理、分析、加工、改造、丰富、发展原有经验中的“碎片化”知识，促使学生在原有经验的基础上自主建构新的运动知识与技能图

① 肖川．从建构主义学习观论学生的主体性发展［J］．教育研究与实验，1998（4）：1－5.

② 王至元，陈晓希．从结构主义到建构主义：皮亚杰发生认识论介绍之一［J］．1983（2）：14－18.

式，从而实现个体的知识结构由比较低级简单向比较高级复杂的方向发展。

第三节　体育课程内容衔接的社会学审视

学校课程是国家意志的体现、教育工作的核心、教学活动的依据、学生成长成才的保障，无论是课程设置还是整个课程编制过程，包括课程目标、课程内容的选择和组织、课程实施与评价，都受社会上各种因素的影响，并受不同的社会观支配①。学校课程的设置以适应社会发展对人才素质的需求为导向，在实施过程中推动了社会的发展，并且必然要伴随社会的发展与变迁而不断地更新和完善课程内容。因此，学校课程与社会需求有着各种明显或潜在的、直接或间接的复杂联系。

学校课程与社会发展的密切关系可以通过社会学的视角进行考察。20 世纪 80 年代，在独特的社会背景和学术背景下，社会学和课程研究得到一定程度的发展，课程与社会学的结合找到了契机和出路。我国学者先介绍了国外课程的社会学理论，如吴永军的《当代西方课程社会学概览》、钟启泉的《课程社会学的形成与发展》，随后用社会学理论审视我国课程领域中的课程观念、课程组织、课程编制、制约课程的因素等问题，并将社会学看作课程设计的理论支撑。把社会学视作课程的基础学科，至少体现出两点意义与价值：

① 施良方．课程理论：课程的基础、原理与问题［M］．北京：教育科学出版社，1996：54－58.

第一，为课程研究提供学科范式；第二，其基本原理和方法为课程论提供前提和基础，其研究成果成为课程论的理论依据，成为课程改革的动力①。在社会学意义上，课程内容的选择、设计、编制及课程内容本身都具有很明显的社会属性，并或隐或现于课程实践活动中。

一、诠释课程内容选择的社会性

课程缘起于知识，课程是知识的载体，知识是课程的核心内容，从社会学视角进行课程内容的研究，离不开对知识的讨论。早在19世纪中叶，英国社会学家斯宾塞提出了一个经典的课程问题“什么知识最有价值”。于是，一些学者开始对知识进行社会学分析，将“知识”从一个哲学认识论问题转化为一个社会学研究议题。到了20世纪初，知识社会学已经发展成为一门独立的学科，并形成了“德意志社会学—哲学学派”“法兰西迪尔凯姆学派”和“美国芝加哥学派”三大学派②。德国社会学家卡尔·曼海姆认为知识和社会是有关联的，社会是知识的基础，知识是对社会的映射。美国社会学家默顿承认“知识是一种不折不扣的社会事物”，他采用结构功能理论试图构建一种“社会”与“知识”之间功能性的关系③，即知

① 胡斌武．课程社会学基础研究述评［J］．重庆工学院学报，2001，15（6）：97－99.

② 崔绪治，浦根祥．从知识社会学到科学知识社会学［J］．教学与研究，1997（10）：43－46.

③ 阿拉坦．“知识—社会”关联的构建：曼海姆、默顿知识社会学的一种比较［J］．云南民族大学学报（哲学社会科学版），2014，31（1）：71－76.

识的功能价值。知识社会学为课程的社会学研究提供了重要的方法论指导和分析问题的启示。在知识社会学的影响下，出现了扬（Young）对教育知识成层与教育知识分配的分析，伯恩斯坦（Bernstein）关于不同阶级语言编码特点的不同对教育的影响的分析，以及伊格莱斯顿（Eggleston）对教学内容与社会控制关系的分析等出现了[①]。这些知识社会学研究打破了课程知识完全“客观中立”“价值无涉”的神话，指出课程内容的选择、课程内容的编制等并不是一个简单的技术操作与实践的过程，学校课程设置的目的也不仅在于促进儿童个体本身的发展[②]，而且与由政治、经济、文化、社会生活构成的社会场域联系在一起。

社会场域使得学校课程，无论是课程设置还是整个课程编制过程，包括课程目标、课程内容的选择和组织、课程实施与评价，都受社会上各种因素的影响[③]。社会场域中的各种优势力量以直接或间接的方式渗透到课程内容之中，影响对课程知识的选择。课程内容生成并存在于社会场域之中，它一经实施，必定会产生一定的影响，从而形成自身的“影响域”[④]。因此，有必要加强课程内容与社会的联系，把关注点汇聚于知识的现实性问题，突出课程内容的社会性，以适应社会的发展。循此思路，体育课程内容的衔接是在一定的社会背景下进行的，体育课程内容与社会的联系较为紧密，课程内容

---

① 吴康宁．课程社会学研究［M］．南京：江苏教育出版社，2004：36.

② 刘丽群．从“控制”到“抵制”再到“博弈”：课程社会学研究取向的流变［J］．福建师范大学学报（哲学社会科学版），2009（3）：168－172.

③ 施良方．课程理论：课程的基础、原理与问题［M］．北京：教育科学出版社，1996：54－58.

④ 张艳丽．空无课程资源在教材中的缺失：基于课程社会学的视角［J］．教学与管理，2013（10）：84－86.

的选择与设计需要遵从社会性的要求，契合时代发展的需要，满足社会发展的需求。

二、规范三级课程管理方式

美国批判教育学代表人物迈克尔·W. 阿普尔从20世纪70年代起，就有意识地探讨“意识形态与课程”的关系，并从课程背后的内容拷问：“谁的知识最有价值?”阿普尔认为，课程改革实质上是一种权力和文化利益的分配活动[①]。课程知识的选择和分配不是技术性的问题，而是阶级、经济权力、文化霸权之间相互作用的产物，是显性或隐性的价值冲突的产物[②]。学校将什么知识纳入正规课程，就使得这种知识获得了合法性。因此，课程在本质上是社会文化的一种选择[③]，课程设计是占据优势地位的利益集团为了反映自身文化和政治意愿进行价值选择的结果，是一场有意识的社会谋划活动。

从社会学角度来讲，课程标准是按照社会支配阶层的意志规定了课程知识的选择、组织与传递，既具有明显的政治性，体现了社会支配阶层的利益，又具有极大的刚性和权威性，是课程知识选择与组织的法规[④]。基于此种观念，教育部总体规划学校课程，统一制定课程标准，其实是按照国家意志，对知识进行的社会选择和组织，是一场有意识的社会谋划活动。这种活动也可以解读为国家意志在

① 吴永军. 当代西方课程社会学的新发展［J］. 国外社会科学，2006（1）：2－6.

② 吴康宁. 课程社会学研究［M］. 南京：江苏教育出版社，2004：35.

③ 吴永军. 当代西方课程社会学的新发展［J］. 国外社会科学，2006（1）：2－6.

④ 和学新，金红霞. 课程知识的社会谋划：课程设计的社会学分析［J］. 全球教育展望，2013，42（6）：18－28.

国家权力的保障下向学校教育领域的延伸和强化，这样更能体现出课程标准的权威性和重大的社会意义。

当前实施的各阶段的体育与健康课程标准规定了体育与健康课程的性质、目标、内容标准等，是我国各级、各类学校体育课程建设和发展的纲领性文件。为了保证体育课程标准的贯彻和落实，实行国家、地方、学校三级课程管理方式。第一级为国家课程，国家或专家制定文本；第二级为地方课程，即实施课程，教师要吃透国家文本课程，因为国家文本课程中体现了一个核心价值；第三级为学校课程，就是学生习得的课程①。实施国家对课程管理的宏观管理与指导，增强地方和学校实施课程的自主性和灵活性，增强教师和学生对课程实施的适应性，改变了课程过于集中的状况，把课程内容开发的权力下放到基层，体育教师也可变成“重要的体育与健康课程资源”，极大地增强了体育课程内容选择和制定的灵活性。

三级课程建立的初衷是根据中国经济、文化发展极不平衡与区域性发展的特点，使基础教育课程结构能够体现灵活性、多样性和选择性，突破时空局限，形成立体的发展性课程结构体系②。三级课程并不是相对独立的，而是融为一体的，从一定意义上顾全了社会的整体利益。在体育课程目标的统一引领下，体育教师和学生都有权力开发和选择体育课程内容资源，这让以满足学生身心发展的体育课程内容更具有了“合法性”和“亲民性”，有利于国家利益落实到位。

① 钟启泉．课程改革：为每一个学生的发展而教［J］．现代基础教育研究，2013（9）：16－18.

② 裴娣娜．学校教育创新视野下中国基础教育课程改革的实践探索［J］．课程·教材·教法，2011，31（2）：13－19.

从社会学角度分析，体育课程三级管理方式其实是利益再分配的体现，这种利益分配方式可以完善课程标准实施过程中的权力格局，有效缓解体育教师与学生在课程内容选择和设计行为方面的“冲突”，有效缓解体育课程标准落实过程中国家、地方、学校之间的“冲突”，从而有利于实现“社会控制”。

三、促进课程内容开发主体的互动

受美国20世纪初实用主义哲学和早期行为主义心理学的影响，美国社会学芝加哥学派创建了符号互动理论。该理论的创始人米德在其著作《心灵、自我与社会》中提出了关于心智、自我与社会关系的假说，即人对外部世界的适应是通过符号化的沟通过程实现的，具有语言、符号及沟通能力的个体，通过“普遍化他人”实现与其他个体的互动，在此过程中生成自我、意义与社会①。因此，他承认孤立的有机体不是自我，只有通过社会过程，冲动的动物才能成为理性的动物；只有通过社会经验的积累，具有适当的机体素质的生物个体才能拥有心灵；只有通过社会交流过程的内在化，个体才能获得使他成为他自己的对象并在一个共同的生活世界中生存的能力②。米德详细阐释了自我与他人、自我与社会之间的关系，把符号看作支撑人与人、人与社会联系和互动的中介。继米德理论之后的符号互动理论也承认互动是构成社会的基础，互动是包括个体的知

---

① 赵万里，徐敬怡．符号互动论视野下的科学社会研究［J］．自然辩证法通讯，2007，29（6）：47－53.

② 王振林，王松岩．米德的“符号互动论”解义［J］．吉林大学社会科学学报，2014，54（5）：116－121.

识、经验在内的符号所引发的。

按照符号互动理论的说法，教学过程实质上是各种教学符号互动的过程，并通过各种教学符号的互动构成一个教学符号互动的系统。它既有教师符号、学生符号、文本符号内部之间以及彼此之间的互动，又有课前、课中、课后的互动，还有教学语言符号、非教学语言符号的互动以及认知符号和情感符号的互动。它们相互包含、相互融合、相互促进[①]。随着课程改革的演变，课程作为学生的经验，更突出了教学活动过程本身的价值，这必然要求把课程作为教师、学生、教材、环境交互作用的动态情境，课程由此变为一种动态的、生长的“生态系统”和完整文化[②]，这种动态的、生长的课程是不同主观经验不断参与的互动建构，是知识和社会双向的融生共长。因此，根据符号互动理论，课程内容的选择、设计和实施是建立在师生双方对符号（课程标准）的解释与理解的基础上的意义与符号在社会互动中产生交换、磋商的动态过程。

现在知识处于民主阶段，在整个知识领域，各种知识相互共存，相得益彰，共同构成现代社会的知识基础，共同构成课程知识选择的源泉[③]。体育课程改革赋予师生双方共同参与课程内容资源开发的权力，也可以说，体育课程内容的开发是基于落实体育课程目标与任务的师生双方共建文本符号的交往活动，这种师生交往活动是以

① 李文跃．符号、教学符号与教学符号互动的探析：基于符号互动论的视角[J]．教育理论与实践，2013，33（10）：53－56.

② 宋丽范．符号互动理论及其对教育的启示［J］．扬州大学学报（高教研究版），2007，11（1）：20－22.

③ 蒋建华．理解课程改革的知识政治学视点［J］．课程·教材·教法，2011，31（10）：12－17.

个体知识、经验为基础，它重视课程内容开发过程中的人际互动与交流，重视师生双方的主动性、积极性和创造性。围绕体育课程内容设计与开发的衔接、统整活动也是一种对符号进行解读与理解的活动，这种活动根本离不开师生双方的互动。

第四节　体育课程内容衔接的生理学依据

人们把生理学看作一门重要的体育学基础理论，因为它是研究生物体（包括人体）的各种生命现象，特别是机体各组成部分的功能及实现其功能的内在机制的科学。它的学科体系中包括研究人体的运动能力和对运动的反应与适应过程的[①]运动生理学科学。运动生理学是以揭示体育运动对人体机能影响的规律及机理，阐明运动训练、体育教学和运动健身过程中的生理学原理为任务，并以其理论指导不同人群进行科学的运动锻炼的一门理论性和实践性非常强的应用性学科，它也是体育科学的一门基础性学科。

《义务教育体育与健康课程标准（2011 年版)》规定“体育与健康课程是增进学生健康的重要途径”，并把健身性列为体育与健康课程的特性，“强调在学习体育与健康知识、技能和方法的过程中，通过适宜负荷的身体练习，提高体能和运动技能水平，促进学生健康成长”[②]。体育与健康课程内容的选择、设计与实施建立在对机体正常生

① 王瑞元，苏全生．运动生理学［M］．北京：人民体育出版社，2012：3.

② 中华人民共和国教育部．义务教育体育与健康课程标准（2011 年版）［M］．北京：北京师范大学出版社，2012：1－2.

命活动规律正确认识的基础上，必然遵循人体正常的生命活动规律，因此，进行体育课程内容衔接研究不可能脱离生理学知识的支撑。

一、遵循“刺激→兴奋→反应”的规律

机体及其组成部分的细胞组织能对其周围环境的变化产生反应。能被机体感受并引起机体产生某种反应的体内、体外环境变化称为刺激。机体对刺激产生反应的能力或特性称为兴奋性①。在不同的环境或条件刺激下，机体内部代谢和外部表征所发生的暂时性、应答性功能变化称为反应。机体的反应都是由刺激所引起的，刺激引发兴奋，最终由机体做出反应，即表现为“刺激→兴奋→反应”的过程。

“刺激→兴奋→反应”在体育锻炼中表现得最为明显。一般来说，肢体的运动即为刺激的开始，随之而出现的机体的内部与外部表现即为兴奋和反应的表征。例如，运动刺激交感神经引起兴奋，继而引发人体细胞、组织、器官、系统等系列的应激，表现为心跳加速、呼吸加快、腺体分泌等现象。但是，并不是任何刺激都可以组建“刺激→兴奋→反应”公式，唯有刺激具备了三个基本条件，即一定的强度、一定的作用持续时间和一定的强度变化率（刺激强度对时间的变化率），才能引起组织产生反应（兴奋）。例如，若使一定强度的刺激引起肌肉收缩，首先需要刺激肌纤维使其产生兴奋，此时的刺激只有达到引起肌肉兴奋的最小刺激强度的阈刺激，才能

① 孙庆伟，周光纪，白洁，等．人体生理学［M］．北京：中国医药科技出版社，2011：17.

动员更多的肌纤维参加肌肉的收缩运动。

从运动生理学的角度看，适宜刺激就是运动负荷，只有当运动负荷的强度达到或超过阈值，并持续一定的时间（每次课的练习时间）或达到一定的频率（每日或每周的练习次数），才能产生相应的反应或预期的适应，取得良好的健身和训练效果①。体育课程实施过程亦是如此。体育课程内容是一个刺激单元，它通过身体活动的形式作用于学生。如果一堂体育课的内容安排非常充实，学生在课堂上的练习强度和练习密度足以引起心率、血压、肺通气等生理指标的适宜变化，那么，可以判定该刺激是有效的。如果一堂体育课的内容安排无强度，不足以引起各项生理指标的变化，如学生心率无明显升高、汗腺无分泌，说明该课程内容的安排是无效的。因此，体育课程内容作为一个刺激单元，是体育教学的起点，合理、充实、完善的课程内容落实在教学过程中，经过学生适当的身体活动，才能够在人体生理范围内给予机体适宜的刺激，最终才能使学生的机体产生良好的反应。

二、提高机体的运动适应能力

人体或动物长期生活在某一特定环境中，在环境的影响下，本身可以逐渐形成一种特殊的、适合自身生存的反应方式。机体根据环境的变化调整自身生理功能的过程称为适应；机体根据内外环境

① 王步标，华明．运动生理学［M］．2 版．北京：高等教育出版社，2011：8.

的变化调整体内的各种生理活动，以适应环境的能力称为适应性①。运动生理学认为，身体运动使人体承受运动负荷的刺激，必然引起各器官系统的机能发生一系列反应，长期系统的身体练习可使机体的结构与功能、物质代谢和能量代谢发生适应性改变。如长期从事长跑练习，表现为呼吸循环系统转运氧和肌肉利用氧的能力提高，呼吸深度和频率匹配更加合理，肺通气效率提高，肺活量增大；心血管系统利用氧的能力大为提高，心脏容积增大，心缩期储备和心舒期储备获得全面改进，心脏泵血功能增强；下肢骨骼肌组织壮大，肌肉功能得以改善，肌肉线条更加优美，等等。这些适应性变化通过各器官系统相互协调来实现，最终使身体内环境的理化性质保持在相对稳定的状态，从而提高人体生命活动的质量。

生物机体对外界刺激所产生的适应过程并不是一蹴而就的，而是需要经过多次的重复刺激，逐渐建立的适应过程。运动技能的学习和提高也是一个渐进性的过程，人们通常把运动技能的学习分为三个阶段，即泛化、分化、巩固和自动化。在泛化阶段，初次接触学习内容，学生还不能准确把握主要技术环节，动作表现出不准确、不连贯、不协调，而对于某一技术动作进行多次重复性的练习之后，学生在头脑中逐渐形成一个正确的动作概念，并能够掌握主要的技术环节，使原来的错误动作得到纠正后逐步变得协调、准确、轻松自如。动作技能习得的泛化走向自动化的过程实质上印证了“熟能生巧”的道理，但这种“巧”是在多次重复刺激作用下产生的。这也就是说，在掌握某一运动技能时，必然会出现动作练习的重复现

① 张建福，彭聿平，闫长栋．人体生理学［M］．北京：高等教育出版社，2010：6－7.

象。根据这一现象可以推及体育课程内容的重复也是不可避免的，而且是很有必要的。

多级的、复杂的运动条件反射是建立在简单的运动条件反射基础之上的。为了促进学生掌握复杂的、高级的运动技能，提高学生的运动适应能力，课程内容的编排也需要全面考虑运动技术动作的结构和特点，遵循从易到难、由简到繁、由浅入深、由分解到整合的循序渐进原则，如篮球项目的运球教学，一般先进行原地（高、低）运球练习，待此项练习熟练之后，再练习行进间运球，继而练习运球急停急起、变向运球等内容，并且通过多次重复的课程安排，才能使学生熟练掌握篮球运球技能。

第五节　体育课程内容衔接的教育学立场

教育是培养人的社会活动，承担着促进受教育者身心发展、个性品质、能力素养的形成与提升的任务。在学校领域，体育是教育的重要组成部分，它与德育、智育、美育一起，共同支撑起教育的“大厦”，实现为社会培养人才的基本宗旨。正是由于学校体育是教育的组成部分，发生在学校领域中的体育现象与规律也具有教育现象与教育规律的共性，教育基本理论通常可以用来解释学校体育现象与规律。

教育所面对的是完整的、具体的、发展中的学生，他们的生命是未完成性与可发展性，受动性与主动性，统一性与独特性，历史性与现实性、未来性相融合的统一体①。因此，作为研究教育现象和揭示教育规律的教育学发展至今，一直延续着对人自身的关注和如何提升人的素质的主线②，这与学校体育观照学生身心发展的主题契合。站在教育学的立场，从学生身心发展的角度出发，探寻体育课程适合学生身心发展的基本规律及其功能，是所有学校体育课程研究的基本准则。

一、适应青少年身心发展的规律

人的身心发展是人的身体和心理两方面的发展，是随着年龄的增长，在诸多复杂因素的引导下不断协调、发展、变化的过程。它具有的规律性特点，是指不同个体在身心发展过程中所表现出来的共同的、本质的特征③。然而，在相同的环境和教育条件下，每个学生所获得的发展机会是均等的，但其发展的程度却主要取决于学生自身的态度，因此学生个体的主观能动性是其身心发展的动力。作为面向全体学生的教育活动，既受制于学生身心发展的特点和规律，又要适应产生这种发展动力的规律。所以，教育要适应青少年身心发展从低级到高级、由量变到质变的顺序，循序渐进地促进学生身心的发展；教育要适应青少年身心发展由小到大、由先到后的阶段性，对不同阶段的学生，选用教育的内容、方法、手段应有所不同；教育还要适应不同青少年个体身心发展的个别差异性，做到因材施

① 赵荷花．学习的教学论研究［D］．长沙：湖南师范大学，2008：145.

② 胡炳仙．教育学性：教育学之理论基础［J］．当代教育科学，2006（1）：6－8，13.

③ 任平，孙文云．现代教育学概论［M］．广州：暨南大学出版社，2013：73.

教；教育要适应个体身心发展的不平衡性，把握身心发展的敏感期，适时施教。

青少年的身心随着年龄的增长而发展。由于年龄和性别不同，身心发展的差异不可避免。课程设计者在进行体育课程内容衔接时，需要把握学生的身体发育规律、认知发展规律、动作技能形成规律和情感发展规律，明确学生身心发展的顺序性、阶段性、差异性和敏感性等特点，科学设计体育课程内容。针对学生身心发展的阶段性特点设计课程内容时，需要考虑小学阶段的学生处于 6 ~ 11 岁，正值生长发育的高峰期，男女生各项身体素质指标增长迅速且性别之间的发展差异不大，认知方面以具体形象思维为主，学生对身体运动充满兴趣，对体育课程比较向往，因此，要根据此阶段学生身心发展的特点，适当安排一些对身体具有一定挑战性的体育游戏内容，体育课程内容尽量简单、多样、具体、现象，并且注重引导学生的兴趣；中学阶段的学生处在 12 ~ 17 岁，学生抽象思维开始发展，运动技能的学习能力得到大幅度的提高，但男女生身体素质发展的差异突出，运动兴趣分化严重，此阶段应加大对学生身体素质的训练，增加运动量，充分挖掘个人的运动潜力，课程内容应充实、丰满，以传授运动技能为主，兼顾学生运动兴趣的培养。在根据学生身心发展的阶段性特点进行课程内容设计的同时，还应看到各个阶段的课程内容是相互联系的，尽量避免出现“无根课程”和“断头课程”，要注意各个阶段的课程内容紧密衔接，引导学生学习和运用运动知识与技能保障其顺利地从一个阶段过渡到更高一级的阶段。

二、体现全面发展的教育目的

人的全面发展理论是马克思主义理论的重要组成部分。马克思早年提出人的全面发展，虽然主要是针对旧式分工所造成的体力劳动和脑力劳动的对立，强调人的全面发展主要是人的体力和智力相结合①，但该理论经过深化、拓展，发展成为我国教育目的的理论基础，并在我国几十年的教育实践中，形成了三个面向（面向现代化、面向世界、面向未来）、五育（德、智、体、美、劳）、四有（有理想、有道德、有文化、有纪律）的教育方针和培养目标②。

学生的全面发展是面向全体学生（全体性），在所有方面尽可能地使其得到发展（全面性），同时兼顾到不同学生的差异和同一学生不同方面的差异（差异性），促使他们养成积极创新的精神状态（主动性），从而能够持续地、终生地健康发展（持续性）③。它是素质教育的价值取向，也是体育课程内容衔接的目标与追求。作为个体人的全面发展，强调的是人的个性化程度，作为个体的人在各个方面的全面发展，个性的全面发展，即物质生活和精神生活的全面发展，世界观、人生观、价值观的全面发展，身体素质和心理素质的全面发展，智力、能力、体力、创造力的全面发展，等等④。由于个性本身就是“多层次”“多侧面”的，个性发展不只是全面，它

① 袁贵仁．人的全面发展学说的新境界［J］．教学与研究，2001（10）：5－8.

② 郭晓君．人的全面发展理论初探［J］．中国人民大学学报，1997（2）：28－33.

③ 徐岩．引领新中国教材发展 编写新世纪主流教材：人教社60年教材发展的历史回顾与经验总结［J］．课程·教材·教法，2011，31（1）：5－11.

④ 王传旭．培养健康人格促进学生全面发展［J］．教育研究，2003（4）：86－89.

还有综合、有层次、有结构①。

体育课程是将学生培养成为“全面发展的人”的一个方面，它以传授运动知识与技能为主，融合学生知、情、意、行的发展，培养学生对体育锻炼的爱好和热情，养成经常坚持锻炼的习惯和吃苦耐劳、坚韧不拔的毅力。在体育课程实施过程中，运动知识与技能的掌握同样需要以一定的知识、技能、智力和能力为基础，并依靠一定的情感、动机、态度和意志的调节，体育课程内容的选择与设计需要关注学生的生理和心理两方面的发展，不仅要致力于学生体质、体力的增强，还需要注重体育课程与智育、德育、美育的联系，注意运动知识与技能的学习对学生道德品质的提高、认知能力的发展、审美情趣的提升所发挥的作用。

① 张楚廷．全面发展实质即个性发展：重温马克思全面发展学说的启示［J］．北京大学教育评论，2004，2（2）：70－74.

第四章 体育课程内容衔接的机制

体育课程内容衔接这一命题是适应体育课程改革“新常态”的产物。由于体育课程内容的设置受学制分隔的影响，在课程改革不同步性的进程中，体育课程内容衔接逐渐凸显出来并成为专门研究领域。其实质是关于课程内容的改革，这种改革是序列的、累积的、有方向的、多因素的，它以学生的身心发展为起点和归宿，以哲学、心理学、社会学、教育学、生物学等学科知识为方法指导，建立起具有自身运行规律的工作机制。

第一节 体育课程内容衔接的原理

一、衔接的含义

“衔接”一词在英文中可以找到与之对应的单词，Articulation 意指沟通，即思想、意念或感情的关联一致性表达，也可指运用各个连接点将事物的各个部分相互适配在一起的连接状态；Continuity 指状态的不变，即维持相同的状态，保持一致；Transition 是从某一种状态、阶段、形式或活动转变到另一种状态、阶段、形式或活动的过程或时期。

国外对“衔接”的研究集中在教育学、心理学和社会学领域，尤其是职业教育、生涯教育、生活技能教育、功能技能教育、融合教育、生活质量教育等领域，因为“衔接”这个术语恰如其分地反映了其主要教育目标①。美国心理学家布朗芬布伦纳（Bronfenbrenner）提出“生态衔接”的观点，认为场所转换时会发生衔接，同时，角色（role）转换的过程也是一种衔接的历程②。卡干（Kagan）将衔接看成是一种用以克服不连续性的策略③。纽曼（Neuman）将卡干的连续性概念引入教育心理学领域，认为儿童会经历许多“垂直的衔接”（如从家庭进入幼儿园，或从幼儿园进入小学）以及“水平的衔接”，而“水平的衔接”是人在生活中转换场所而产生的④。布罗林认为衔接发生在“从校园到工作岗位之间的过渡”时

① 多恩·布罗林，罗伯特·洛依德．生涯发展与衔接教育［M］．张顺生，等，译．南京：江苏教育出版社，2009：514.

② BRONFENBRENNER U. The ecology of human development ［M］. Cambridge：Harvard University Press，1979：97－123.

③ KAGAN S L. Moving from here to there：Rethinking continuity and transitions in early care and education. In B. Spodek & O. Saracho （Eds.）［M］. New York：Teachers College Press，1991：44－65.

④ NEUMAN M J. The wider context：An international overview of transition issues ［C］// Fabian H. & Dunlop A. W. A. Transition in the early years－debating continuity and progression for young children in early education. London：Routledge Falmer，2002：8－22.

的角色转变[①]。国外学者所指称的“衔接”贯穿于人的一生，只要个体所处的环境（职业环境）发生变化就会引起个人角色的转换，继而引发人生成长各个阶段的角色衔接。

在国内，从字面理解，“衔接”一词的基本意思是把某个物体两个分开的部分，首尾相互连接。早期研究“衔接学”的学者认为，衔接是自然界和人类社会中存在的一个普遍现象，衔接之处往往包含两层含义：一是指在衔接体之间容易产生“脱臼”；二是指彼此容易渗透、辐射和相互作用，产生创新，出现新生事物，打开新的局面[②]。在教育领域，有学者将“衔接”的概念分为广义和狭义，认为广义的“衔接”是指以影响人的身心发展为直接目的的社会活动的各个阶段、方面相互连接，形成的统一的整体；狭义的“衔接”就是指学校教育的各个阶段相互连接，成为密切联系的整体[③]。

通过以上分析，可以看出以下几点：①从字面意思理解，衔接是把某个物体的两个分开部分首尾建立联系，它是一种关系性的概念，发生的首要条件是相邻两个事物之间存在一定的关系，如时间上的先后关系，方位上的上下关系，有时也有提示衔接的标记，如凸凹处；②存在于教育系统的衔接伴随人接受教育的全过程，在相邻的两个教育阶段处出现，如幼小衔接、中小衔接等；③教育衔接以人的发展为中心，协调各种教育要素的关系，发挥教育的整体功

---

① BROLIN D E, SCHATZMAN B. Lifelong career development [C] //BERKELL D E & BROWN J M. Transition from school to work for persons with disabilities. New York: Longman, 1989: 22 - 23.

② 钱增禔．浅谈“衔接学”[J]．软科学，1989 (2): 13 - 17.

③ 瞿萍．上海市初高中生命科学教材层次性与衔接性研究 [D]．上海：华东师范大学，2010: 4.

能，促进人的全面发展。

教育系统的衔接具有三个明显的特征：一是衔接关系的复杂性，教育系统是一个结构复杂、以人的集合为主、动态开放的大系统，就教学阶段来说，存在幼儿园、小学、初中、高中、大学几个阶段，就会有幼教与小学、小学与初中、初中与高中、高中与大学学段衔接的关系；二是衔接关系的随机性，教育衔接伴随人的成长过程，人的身心发展随时与各种教育要素发生联系，从此种意义上说，衔接无时不在，无处不有，而且随时随地发生变化；三是衔接关系具有自身调节作用，这种调节以连贯、协调、弥补、融合等方式出现，它能够优化两个部分的结构功能，同时，调节的过程也是建立较大范围的衔接关系的过程。

在教育系统内，随着课程改革的进一步推进，课程衔接的理论研究也开始出现，并且很多成果开始论及幼儿园与小学、中职与高职、大学与中学的课程衔接问题。学者逐渐明确了课程衔接是不同学段或某一学科在课程内容、课程标准、教学目标、教科书编制等宏观与微观体系化的最优组合①。课程衔接的出现使人们开始思考用系统论的观点指导课程各要素的优化组合，促进课程各要素整体功能的发挥。

课程衔接研究最关键的问题是课程内容衔接研究。因为课程内容是课程要素中最重要的组成部分，可以说是课程的核心要素，组含知识、技能等实体成分，是实现课程目标的根本，所以，课程衔接研究归根结底是课程内容的衔接研究。在体育课程衔接研究中，

---

① 周仕德．课程衔接：亟待研究的课程视域［J］．教育理论与实践，2010，30（9）：57－60.

概莫能外。体育课程内容衔接根据课程内容涉及的范围和排列的顺序，在横向序列和纵向序列表现出不同的组织形式。

二、学段衔接的含义

课程衔接研究中最突出的研究方向是学段衔接。“学段”是“学习阶段”一词的简称，是指根据一定的标准把学习过程划分为若干特定的段落。“学段”是一个相对的时间概念，是指一些特定的“学习阶段”或其中的某一较小的特定学习区间或时间范围①。

学段的存在包括以下三种形式：一是学制中的学段。学制中的学段一般划分为学前、小学、初中、高中、大学等，其中，高中、大学学段在职业教育领域内分流为中职、高职学段。每一个具体的阶段还可以再分“学段”，即年级，如高中就分为一、二、三年级，通常也叫作级段。一般我们通常所用的学段即为学制中的学段。二是课程中的学段。课程中的学段一般需要考虑学科特性和学生身心发展的特点，它是根据学生身心发展的特征和学习内容的可接受性程度，所确定的不同年龄阶段学生的学习目标和任务。我国义务教育阶段各科课程标准中有 6 个学科是分学段的，其中语文、美术、体育课程标准分为 1～2 年级、3～4 年级、5～6 年级和 7～9 年级四个学段。艺术、音乐课程标准分为 1～2 年级、3～6 年级和 7～9 年级三个学段。数学课程标准则分为 1～3 年级、4～6 年级和 7～9 年级三个学段。同时，课程标准设置的学习目标、内容要求等既有总

① 刘鹏飞，史宁中. 论“学段”［J］. 东北师范大学学报（哲学社会科学版），2014（5）：206－209.

体目标，又有分学段的目标和要求。三是心理学中的学段。赫尔巴特曾提出“明了、联想、系统和方法”四个学习阶段。后被美国赫尔巴特派发展为“准备”“提示”“比较和抽象”“概括”“应用”五个学习（教学）阶段。加涅的信息加工模式则把学习分为“动机”“领会”“获得”“保持”“回忆”“概括”动作和反馈”八个阶段。中国古代的“学”“问”“思”“辨”“行”也是指学习过程的五个阶段。可见，心理学中的“学习阶段”与“学制学段”和“课程学段”不同，主要是指学习过程（教学过程）的阶段和步骤[①]。心理学中的学段比较直观、具体，可操作性强，通常用于教学过程中，如体育教学过程一般分为准备部分、基本部分和结束部分。

无论是学制还是教学过程，从儿童的发展需要看，学段划分的间距小一点为好，利于教育工作，更贴近儿童发展的规律，以提高教育的质量[②③]。

本书划分学段是为了更加明确体育课程内容衔接的任务。所涉及的学制学段主要是指小学、初中、高中学段。本书既然是体育课程内容方面的研究，必会涉及体育课程学段，按照健康课程标准的划分，将其列为1～2年级（水平一）、3～4年级（水平二）、5～6年级（水平三）、7～9年级（水平四）和10～12年级（水平五）五个阶段。但本书认为过于细致的划分学段，不能凸显出本书的重点，因此，根据研究的需要，结合学生身心发展的特点，将中小学学段划分为小学低、高学段，初中学段和高中学段。

---

① 刘鹏飞，史宁中．论“学段”［J］．东北师范大学学报（哲学社会科学版），2014（5）：206－209.

② 周思旭．基础教育学制问题探析［J］．现代教育科学，2005（4）：26－29.

③ 张振国．基础教育学制的选择与实施［J］．山东教育科研，1999（9）：3－6.

三、衔接在课程研究中的应用

教育领域中的衔接研究主要集中于学段与学段的衔接研究（一般采用幼小学衔接、中小学衔接、高中与大学的衔接，以及大、中、小学衔接来表述）、学科知识点之间的衔接研究（一般对数学、生物、物理等某一学科的知识点关系进行梳理）、中职与高职课程衔接研究（根据职业教育的要求进行针对性的研究）等方向，并且学者们通常把衔接看作一种学段间的沟通手段或者课程内容（教学内容）优化配置的手段。

（一）作为学段间沟通手段的衔接研究

学段与学段的衔接研究主要关注的是弥合、协调由于学制的设置而造成的各个学段之间关系的脱节。学段与学段的衔接一般被认为是从低学段升入高一学段的学生进行的适应性教育，让学生从原有的学习、生活情境顺利地过渡到新的学习和生活情境，使各个学段在完整而连续的教育链条上成为不可分割的整体。干薇认为，教育衔接指各级各类教育在维持彼此独立性前提下又不失连续性和系统性。宏观层面上指学前与小学、小学与中学、中学与大学的衔接及大学本科与研究生的衔接；微观层面上指每一阶段教育的各组成部分也得互相衔接①。而各个学段之间是否存在衔接问题呢？答案是肯定的，原因是多元的。顾明远在为余立主编的《教育衔接若干问

① 干薇．运用教育衔接思想帮助大学新生适应的必要性论证及实施策略［D］．上海：上海师范大学，2006：32.

题研究》一书作序时承认“自从把教育分成大、中、小学，并在不同的学校学习以后，就出现教育的衔接问题。特别发展到今天，愈演愈烈”，原因何在呢？他认为，首先，在教育没有普及的时候，只有少部分学生能够进入高一级的学校学习，衔接问题不那么突出，现在教育接近普及，问题就凸显出来；其次，教育领导体制造成的割裂，中小学属基础教育，由基础教育部门管理，大学由高等教育部门管理，而且大学从来不关心中小学的事情，现在又把高中与初中分开来办，更多了一道隔离墙；最后，升学的竞争导致很多人只注意学习如何应付考试，很少关心学生整体素质的衔接问题①。具体到学段间不能衔接的原因，袁晓英认为，起始年级的适应不良、毕业年级的相对封闭、教师教学的相对隔膜是制约学段间有效衔接的三个主要问题②。仅以幼小衔接为例，幼儿园与小学是连续的两个不同教育阶段，从幼儿园过渡到小学，不仅是学习环境的转换，学习方式、人际交往、师幼关系、行为规范及社会期望等方面都发生了很大的变化，形成了一定的“坡度”，易发生“陡坡效应”，导致儿童学习兴趣低落、疲劳、厌学、焦虑、恐惧等“适应性障碍”③。如何才能促进学段间的衔接呢？冉乃彦等在其著作《教育的衔接期》一书中提示，要注意把握幼小衔接、小初衔接和初高中衔接中学生的生理、心理、社会文化的特点以及对当前学段衔接的典型问题进行深入分析，以保证每个学段实现衔接，从而有针对性地对教师、

① 余立．教育衔接若干问题研究［M］．上海：同济大学出版社，2003：序言．

② 袁晓英．追寻理想和谐的学段间教学衔接［J］．上海教育，2008（23）：46－47．

③ 杨晓萍，伍叶琴．教育的张力：基于幼小课程衔接的视角［J］．学前教育研究，2007（Z1）：19－24．

学生家长、学生提出相应对策[①]。

（二）作为课程内容（教学内容）优化配置手段的衔接研究

课程内容（教学内容）的衔接主要指根据学科的性质，对知识脉络进行组织、优化，使之凸显知识间的连续性、递增性。朱小蔓等在考察德育课程衔接时，认为课程内容的衔接应该具体包含三个层面：其一，在同一学段、不同的知识领域中，知识的范围与涵盖相对合理，知识的深度和广度相互一致；其二，在前后学段、同一知识领域中，知识之间有必要的连续性、递升性和过渡，不存在严重的断裂、脱节、错位和缺漏，能够持续促进学生思维的跃迁；其三，在同一学段、德育课程与其他课程之间，所涵盖的知识在广度、深度上尽可能相互照应[②]。李家成提出，大、中、小学德育内容衔接研究需要关注衔接年段的独特性，需要关注衔接年段学生的特殊性，需要关注改革实践的现实可能性，在开展较充分的研究基础上，基于对衔接年段学生道德成长需要的认识，尝试构建出与相关德育活动设计相结合的小学、初中、高中、大学各个年段学生德育的具体内容[③]。

在职业教育领域，中高职教育衔接问题是制约职业教育发展的

① 冉乃彦，郑希冰，高雪梅，等．教育的衔接期［M］．合肥：安徽教育出版社，2008：97－99.

② 朱小蔓，王慧．关于大、中、小学德育课程衔接的思考［J］．课程·教材·教法，2014，34（1）：44－49.

③ 李家成．论大、中、小学德育内容的衔接：基于学生生命成长的立场［J］．东北师范大学学报（哲学社会科学版），2011（1）：174－179.

核心问题，而中高职教育衔接的技术难点就是课程衔接问题。周大农认为，当前中高职课程衔接体现不够：一是同类专业下，课程脱节，教学内容交叉重复，浪费了教学时间和教学资源，影响了人才培养质量；二是中高职学校都过于注重对学生面向第一岗位职业能力的培养，忽视了对学生职业素养、职业道德的养成，忽视了学生可持续发展能力的培养；三是由于缺乏课程的顶层设计，同类专业下中高职教育的培养目标界定模糊，对学生职业能力的培养宽窄界定随意性过大①。之所以课程衔接体现得不够充分，徐国庆认为制约课程衔接的问题没有得到很好地解决，主要在于以下几点：首先，凡是课程建设必然涉及知识、能力的分析问题，而这对于面向数以万计职业岗位的职业教育而言，无疑是极其复杂的工作；其次，要建立知识、能力之间的衔接，就必须建立两个衔接领域之间能够对接的分类关系，这是项技术性极强的工程；最后，两个衔接领域之间要实现分类关系的对接，还必须建立能促进二者对接的系统运行机制，否则久而久之二者又会错位。正是由于这些问题的存在，解决课程衔接研究变得更加复杂、棘手②。

综合以上分析我们可以看到，衔接作为一种手段，在学段间关系的处理、学科知识的布局中有所论及。然而，不可否认的是，课程衔接的理论研究还相当滞后和薄弱，不仅没能走在实践之前为课程衔接的发展提供理论指导和路标，还未能对课程衔接实践中所涌

① 周大农．中高职教育课程衔接的设计与思考［J］．职教论坛，2013（3）：12－15.

② 徐国庆．课程衔接体系：现代职业教育体系构建的基石［J］．中国职业技术教育，2014（21）：187－191.

现出的大量问题给予及时的回应和解答①。尤其是把衔接作为学科知识的优化配置手段时，还需要在三个方面进行深入研究：一是对学生身心发展规律缺乏深入的了解，对正处在两个相邻近的教育阶段中学生生理、心理特点的变化研究做得不够深入。二是对衔接的含义缺乏全面的理解，一味拘泥于知识的点对点的衔接，不自觉地缩小了衔接概念的范围，不能重点突出知识的脉络及其功能的衔接。三是没有紧贴课程改革的实际，学科知识与课程目标的关系没有理顺，对配合课程目标，顺利推进课程改革的认识还有待加强。以上三个方面的问题，是任何学科在进行大、中、小学学段衔接时不可回避的问题。

四、体育课程内容的学段衔接

随着体育课程研究的深入和中小学体育课程改革实践的推进，体育课程衔接研究站上了一个新的起点，与此同时，学段体育课程不衔接问题更加突出，于是，在课程改革新形势下，广大体育学者纷纷提出个人的见解。陈琦在其博士学位论文《从终身体育思想审视我国学校体育的改革与发展》中提出，构建一体化的小学到大学体育相衔接的目标、内容体系的设想，并且阐释了学校体育一体化的概念②。同年，毛振明发表论文《对体育课程整体设计（大、中、小学课程衔接）的研究》，明确提出了大、中、小学课程衔接的概

① 周仕德．课程衔接：亟待研究的课程视域［J］．教育理论与实践，2010，30（9）：57－60.

② 陈琦．从终身体育思想审视我国学校体育的改革与发展［D］．北京：北京体育大学，2002：79.

念，并论述了体育课程衔接的基础——各个学龄段学生的生理、心理发展水平和要求。自此，体育课程衔接研究进入到系统化的状态，人们开始寻找体育课程衔接的立论基础、理论依据、现实价值，开始深入地探索体育课程目标、体育课程内容、体育课程实施等因素在不同学段进行衔接的方式。

（一）体育课程衔接的定义

陈琦认为，“学校体育一体化”就是把学校体育看成一个整体，把学校体育的纵横联系统一和协调起来，即从纵的方面来说，它把幼儿体育、小学体育、中学体育、大学体育统一起来，充分考虑到学校体育的阶段性、连续性和整体性；从横的方面来看，学校体育体系是终身体育大体系中的重要组成部分，要把学校体育置于与家庭体育、社会体育相联系的大背景下，使得学校体育的发展与家庭体育、社会体育密切协调，尤其是学校体育要与学生就业后的社会体育相衔接，使学生走向社会后不至于中断体育，这是终身体育所追求的目标，也是学校体育要考虑的长远目标与效益的体现。毛振明把体育课程整体设计等同于大、中、小学课程衔接，其对课程的整体设计定义是对各个学段的教学目标、教学内容进行整体安排，使其更加符合该学段学生的身心发展需要，使各段的教学更加有特点、有重点，是使教学效果更佳的工作，是使学科的知识技能系统（客观世界）和学生的身心发展的系统（主观世界）很好地结合起来的工作，也是课程研究和课程设计的主要工作[①]。无论是学校体育

① 毛振明．对体育课程整体设计（大、中、小学课程衔接）的研究［J］．北京体育大学学报，2002，25（5）：656－659.

的一体化还是体育课程的整体设计，都说明“衔接”是体育课程的一种组织手段，通过使用该手段，使各个学段体育课程目标、内容以及该学段处于一定水平层次的课程目标、内容与该学段学生身心发展相适应。

“衔接”包括两个方面，一是学段的衔接，即小学学段、初中学段、高中学段之间关系的沟通；二是体育课程内容体系的衔接，即小学体育课程内容体系向中学体育课程内容体系过渡关系的理顺，也就是说中小学体育课程内容体系的优化配置。

（二）学段体育课程内容不衔接的表现及归因

大、中、小学体育教材的合理衔接，是学校体育课程目标得以实现，实现体育教学科学化，取得最佳教学效果的关键[①]。然而，当前体育课程内容不衔接的问题非常突出，主要表现为以下三点：一是中小学体育教学内容衔接缺乏整体性研究，存在低层次重复问题；二是某一体育项目教学内容衔接问题尚欠缺深入细致的研究；三是阶段与阶段之间的教学内容相对比较独立，教学内容缺乏衔接[②]。例如，球类运动（篮球、排球、足球），各学段的内容选择出现重复和难易颠倒的现象，尤其是篮球，小学教师用书、初高中教材中有传球、投篮等篮球基本技术的内容；大学依然还是篮球基本技术，而且是从移动开始学习，难道体育教师在基础教育阶段没有教会学生吗？篮球基本技术大学有必要从头再来吗？初中教材中篮球运动选

① 李树怡，贺亚平．选择体育教材的基本原则与方法［J］．中国学校体育，2010（3）：19－21.

② 常璐艳．我国中小学体育教学内容体系构建研究［D］．开封：河南大学，2012：23.

择了传切配合、二攻一配合和盯人防守配合的基本战术内容，高中却仅有运球急停急起、变向运球、原地单手肩上投篮等基本技术。在各学段重复出现的篮球基本技术，缺乏层次区分，没有突出由易到难、由简到繁的层次①。

对于大、中、小学体育课程内容不衔接、没有层次性、低水平重复现象，有专家认为主要由四种原因造成：其一，对体育各项内容的难易程度，内在关联性、差异性、层次性研究不够，造成各年龄阶段的许多教学内容的低水平重复；其二，对学生各年龄阶段的身体素质发展敏感期、快速发展期等研究不够，造成各年龄段的体育教学内容安排不合理（该得到发展的素质因没有安排而得不到发展，不需发展的素质却强加给予）；其三，对学生各年龄阶段的心理特点、体育需求研究不够，造成体育教学的强制性现象出现，满足不了学生的体育兴趣爱好，导致学生“喜爱体育活动，但不喜欢上体育课”的局面；其四，各运动项目单元教学的学时安排不够，造成学生学习某些内容严重低水平重复②。也有学者从体育课程内容自身的逻辑性找原因，认为体育学科各阶段的课程内容缺乏逻辑性和连贯性，一方面是因为体育项目繁多，项目与项目之间不太好区分哪个更基础一些，应该先学习；哪一个更难，应该后学习。另一方面，体育学科单个运动项目的学习内容缺乏逻辑性和连续性的统一认定，不同学段之间缺少沟通，教师不清楚上一学段的学习情况和学生的学习基础，在项目教学时也几乎都是从最基本的技术教起，

① 柴如鹤．建构有效衔接的大中小学体育教材内容体系的必要性［J］．体育学刊，2011，18（6）：91－93.

② 邵伟德，徐金尧，胡建华．学校体育各层面目标的衔接［J］．体育学刊，2004，11（3）：96－98.

所以各学段间教学内容出现了简单重复现象①。也有学者认为，中小学体育课程名称称谓上与大学的衔接不畅、课程目标的过于全面而不够具体、教材内容的重复性与不连贯性、课程评价的多元化与可操作性不强等使得我国学校体育课程缺乏逻辑性与层次衔接性②。

通过以上分析，我们基本明确了各个学段之间的课程内容出现低水平重复现象是当前各学段体育课程内容不衔接的突出表现，造成该问题出现的原因很多，最主要的原因大概有三个：一是学制学段的分割；二是课程内容的逻辑关系很难确定；三是教师选择的教学内容脱离了学生学习的实际。

（三）体育课程内容衔接的对策

由于各个学龄段学生的生理、心理发展水平和要求不一样，应该重新研究和明确各年龄段的发展任务，各学段的教学目标、内容。内容的分类方法、教学要求、考核办法等都应有所不同③，既要形成“一条龙”，也要“首尾”分开，各负其责，且又连为一体，而不能“手脚”不分，责任不分④。

陈琦认为，要从终身体育思想出发，对学校体育课程进行重新设计和组织，充分考虑小学、初中、高中、大学和其他生活阶段之

---

① 李洪玉，吴云．教改视域下体育课程各学段的衔接研究［J］．北华大学学报（社会科学版），2014，15（6）：153－155.

② 张晓林，陈新键，毛振明．我国大、中、小学体育课程有效衔接现存问题及改进思路［J］．武汉体育学院学报，2015，49（2）：78－83.

③ 毛振明．对体育课程整体设计（大、中、小学课程衔接）的研究［J］．北京体育大学学报，2002，25（5）：656－659.

④ 李树怡，贺亚平．选择体育教材的基本原则与方法［J］．中国学校体育，2010（3）：19－21.

间的相互联系，避免教学内容的重复或脱节，使之具有足够的灵活性和多样性，以适应个人选择和个性发展，具体做法如下：一是从面向健康生活、学校环境、终身受益的角度设计学校体育内容；二是确立“终身体育项目”的概念；三是注意学校体育各阶段内容的衔接①。毛振明认为，应根据学生身心发展特点和对体育的不同的需求特点，在正常学制的内、外（外是指超越学制的规定进行体育学科独自的设计）合理地划分出符合学生身心发展特点和体育学科实际的“体育学段”，建立起各个“体育学段”的目标和内容联系②。常璐艳认为，要从学段的整体性出发设置课程内容，即把幼儿园至高中阶段作为一个整体对体育教学内容进行设计；运动项目教学内容的设计则从幼儿园到高中，随着年龄增长，遵循学生不同年龄生长发育规律、动作发展和动作发展敏感期，渐进性地设计教学内容；相关体育知识的设计则随着学生年龄增长，根据学生年龄和心理特点，逐渐加大相关体育知识的涵盖范围③。

谢明晔等认为，利用小学到大学学生生理、心理的发展规律，运动技能发展敏感期的原理，进行学校体育教学的相应改革，不失时机地在敏感期促进学生快速掌握相应的运动技能，打好基础，从而很好地解决各阶段体育课教学衔接问题④。王锡娟等认为，设计以

---

① 陈琦．从终身体育思想审视我国学校体育的改革与发展［D］．北京：北京体育大学，2002：84－93.

② 毛振明．对体育课程整体设计（大、中、小学课程衔接）的研究［J］．北京体育大学学报，2002，25（5）：656－659.

③ 常璐艳．我国中小学体育教学内容体系构建研究［D］．开封：河南大学，2012：23.

④ 谢明晔，翟强．运动技能发展敏感期对体育教学衔接的探索性研究［J］．东北农业大学学报（社会科学版），2012，10（2）：89－91.

技能发展为主线的体育教学内容，有利于明确体育课程衔接的手段和方法，提高课程实施的可操作性①。唐照华等认为，对于以运动项目为主要特征的课程教材内容体系，在考虑各阶段衔接时，一般是从小学到大学，学生学习项目的多少呈金字塔式逐级递减，而同一运动项目的内容则遵循“基本身体活动能力培养—基本运动技能的形成—运动技能的全面发展—专项运动技能的发展和综合能力的提高—特长技能的获得和综合体育能力的形成”这样的内容体系来构建②。丁英俊等从符合各学段学生的认知规律和身心发展特征出发，设计层级式的运动技能学习目标：小学阶段，在注意激发和保护学生体育兴趣的前提下，尽可能多地让学生学习体育活动内容；初中阶段，适当收缩学习内容，在每类运动项目中根据实际情况有重点地选择一两项运动技能作为学习内容，以形成和发展学生的体育爱好；高中阶段，学生则可以在选定的体育学习内容中，重点学习一两项运动技能，以发展熟练运用该项运动技能的能力；大学阶段，学生应熟练掌握两项以上健身运动的基本方法和技能，积极提高运动技术水平，发展运动才能，由此奠定终身体育的坚实基础③。陈国成设计出大、中、小学体育教学内容（术课部分）的衔接：小学以游戏、身体基本活动能力、身体素质以及运动项目的基本功和单个性动作练习为主；初中以跑、跳跃、投掷、体操、基本体操、舞蹈、

---

① 王锡娟，曾建明．对我国学校体育课程衔接的反思与构建［J］．体育成人教育学刊，2014，30（2）：85－87.

② 唐照华，卢文云，刘骏．大、中、小学体育课程教材内容一体化的研究［J］．成都体育学院学报，2005，31（4）：115－118.

③ 丁英俊，江涛，毛振明．中国学校体育（与健康）课程内容层级衔接［J］．天津体育学院学报，2005，20（4）：67－69.

球类、游泳、民族民间化体育的基础内容学习为主；高中以选项课内容（田径、武术、球类、健美操等）结合课程标准规定的必修内容学习和身体素质练习为主；高校以参加体育俱乐部（选择2～3项运动项目）的学习、锻炼和竞赛为主①。

有学者注意到同一个运动项目在不同学段衔接的重要性，并设计出相应的策略，如王崇喜等提出大、中、小学足球教学内容体系的整体构建的设想，对大、中、小学足球教学内容的整体设计，横向上，依据课标和《基础教育课程改革纲要（试行）》中的相关表述和要求，划分为阶段目标、技战术目标、身体健康目标、心理健康目标、社会适应目标五个学习领域；纵向上，依据小学、初中、高中、大学学段划分为六个水平阶段，分层次衔接递进地设计了五个领域教学内容，既保持了与课标和《基础教育课程改革纲要（试行）》的一致性，又符合不同年龄阶段学生的生理、心理特点②。郑健对体育教材中武术内容衔接的问题进行了比较与分析，提出了大、中、小学武术教学内容应从横向和纵向两个维度进行衔接，同时注重各学段学生的差异性和课程的系统性整合，并建构规范、合理、科学的武术教育课程体系，切实提高学校武术教学的针对性和实效性③。曲鲁平等认为大、中、小学体操项目教学的衔接应该是：小学主要教授各类内容的基本动作，使学生对所学内容有一点感性认识，

① 陈国成．对大、中、小学体育教学衔接问题的研究［J］．北京体育大学学报，2004，27（8）：1105－1106，1142.

② 王崇喜，孙涛．大、中、小学足球教学内容衔接问题研究［J］．成都体育学院学报，2007，33（3）：107－110.

③ 郑健．我国大、中、小学体育教材中武术内容的衔接与整合优化研究［J］．南京体育学院学报（社会科学版），2013，27（5）：36－40.

着重培养学生对体操的兴趣；初中主要教授各类内容的简单组合动作，满足学生的求知欲望；高中可以教授一些稍微复杂的动作和组合练习，同时让学生体会体操教学内容的内涵所在；高校主要是学生选修课，学生选择自己喜欢的内容[①]。

从以上材料分析发现，众多学者对“体育课程内容衔接必须遵循学生身心发展的规律”这一说法达成一致，对于“如何衔接”的问题各有看法。其中典型的观点有以下三种：①各个学段应该有明确的目标定位和准确的内容设置；②考虑运动技能形成与发展的规律，加强课程内容的逻辑性，突出低学段向高学段的递进关系；③通盘考虑各个学段课程内容的设置，使各个学段课程内容建立联系。

在依据课程标准和学生的学习经验组织课程内容时，必须把握两个基本原理。第一，统整性原理。所谓统整性是指整合学科分割所造成的知识支离破碎的状态，以防止学生的知识体系窄化、僵化，脱离生活实际。换言之，统整性是指对课程内容和学习经验进行横向的组织，它包括认知、技能、情意的统整与科目的统整。第二，衔接性原理。所谓衔接性是指课程各要素所形成的关系，这种关系表现为水平关系和垂直关系，如学科内容与学习单元的顺序关系是垂直关系，课程内容中各要素之间所形成的关系就是水平关系[②]。在把握统整性和衔接性原理的基础上，把学校体育看成一个整体，从终身体育思想出发，在设计学校体育课程时应充分考虑小学、初中、

① 曲鲁平，王健．大、中、小学体育与健康课程中体操类项目的教学设计研究［J］．首都体育学院学报，2009，21（3）：322－325.

② 钟启泉．开发新时代的学校课程：关于我国课程改革政策与策略的若干思考［J］．全球教育展望，2001（1）：14－20，54.

高中、大学和其他生活阶段之间的相互联系，避免教学内容的重复或脱节，使之具有足够的灵活性和多样性，以适应个人选择和个性发展①。体育课程内容的选择要追求科学精神和人文价值，从学生身心发展的实际出发，顺应学生身心发展的需求；体育课程内容的编制要强调学科知识的逻辑顺序，把握运动技术形成与发展的由易到难、由简到繁、由局部到整体的规律，避免低水平重复现象，使各个学段体育课程内容联系成为一体；体育课程内容的构建要注重目标任务的分化与整合，每个学段的课程内容设置各有侧重。在此基础上，大、中、小学体育课程才能衔接为一体，更好地发挥体育课程的育人功能。

学段体育课程内容衔接是根据目前我国的学制设置，在小学、初中、高中、大学四个学段一贯制的条件下，立足学生体育习惯的养成、运动能力的培养和身心素质的发展等，采用前后学段衔接的方式，对各学段体育课程内容的设置进行整体规划，保证各学段体育课程内容能与该学段学生的身心、习惯、能力等相适应，同时又理顺了前后学段之间的关系，保证体育课程内容在前后学段之间平稳过渡、顺利衔接和相互适应。简而言之，学段体育课程内容衔接就是采用衔接的方式，使各个学段的体育课程内容联系成一个有机整体。其中，体育课程内容的组合与发展顺序是学段体育课程衔接的主要组织形式，其目的是淡化学段差异、突出学生的学龄特点，实现小学、初中、高中、大学体育课程内容的有机整合、无缝衔接和顺利过渡。

---

① 陈琦．从终身体育思想审视我国学校体育的改革与发展［J］．体育科学，2004，24（1）：40－43.

体育课程跟随学段的过渡也要发生相应的变化，以顺应学生身心发展的需求和相应学段课程的整体布局态势。其一，要保证体育课程目标的学段衔接，先把相应学段体育课程的重心勾勒出来，并与相应学段总体课程的布局相映衬。其二，要保证体育课程内容的学段衔接，按照运动知识与技能的逻辑顺序对体育课程内容进行科学的排列组合，使之与相应学段学生的身心发展规律相符，满足该学段学生发展的需要。因此，体育课程内容在各个学段过渡时的衔接也变得更为必要。

第二节　体育课程内容衔接的方式及特征

一、体育课程内容衔接的原则

（一）与体育课程目标保持一致

课程目标与课程内容具有内在的一致性，即都是为了学生身心健康发展而设置的。看似体育课程目标引领体育课程内容的做法使二者处于从属的关系，但不同学段体育课程内容衔接的过程又是二者相互适应的过程，很难确定谁引领谁、谁决定谁。不同学段课程目标的制定首先需要考虑课程内容内在的逻辑层次是否与之相互一致，也就是说，不同水平的目标需要通过传授不同逻辑层次的课程内容来实现，此时课程目标对学生的要求要规范、科学、合理，选择的内容难度也不能过高或过低，而是要适应该学段、该水平学生的实际需要，并且有利于学生在已有运动知识、技能水平的基础上进一步提升，即安排的课程内容能够达到或者接近学生的“最近发展区”。小学的课程目标突出“学会”，课程内容就应该简单、易学，通过教学能够使小学生掌握简单的运动技术；初中阶段课程目标突出“会学”，致力于教会学生掌握不同运动项目的组合技术，课程内容即为连贯的知识、技能；高中阶段课程目标突出“会用”，此阶段课程内容的实用性需要更加突出。因此，应该从学生身心发展的实际出发，确定学段衔接的课程目标和选择课程内容，按照某阶段、某水平学生的身心发展水平而灵活调适课程目标和内容的侧重点。

根据体育课程衔接的需要，体育课程目标层次需要更加清晰。以运动技能的学习为例，小学低年级的课程目标应该结合学生爱玩的天性，通过玩、乐、学相结合的教学活动，发展学生身体基本活动能力和身体素质；小学高年级注重形成运动技能的基础，全面发展身体素质，强调掌握某些运动项目的单个动作技术，为初中阶段学练完整动作做好准备；初中阶段的目标应该突出把先前所学的单个动作技术串并在一起，强调精细地掌握细致动作，不断提高动作质量，并且能够掌握某些项目运动技能的学习方法；高中阶段的目标以掌握系统的运动技术为主，强调学会并能够经常运用1～2项运动技能。学段课程目标较为概括，但各个学段目标不同，有所分工，各有侧重。学段目标需要体现出该学段的特点，以使其为该学段的大部分学生所接受和实现。从低学段向高学段的课程目标呈递进状，低学段是高学段的基础，低学段的课程目标是为学生未来的学习打基础，其发展高度必须定在全体学生都能够达到的层次；高学段的课程目标承接低学段，在低学段的基础上进行巩固、充实、发展、提高，但需要避免大幅度的“跳跃”。

在明晰课程目标层次性的同时，还需要注意区分各类“课型”的目标。“新授课—练习课—复习课”的组合、递进，与动作技能的形成过程基本保持一致，“明确、具体、可测”的各种课型目标依次组合起来，能够清晰地见证某一项运动技能的形成过程，它对实现学期、学年、学段目标以及课程的总目标具有重要的意义。

按照运动技能形成的逻辑设计课程目标层次，可以激发学生的学习动机，驱使他们产生探索和掌握运动技能的需求；能够与学生原有的动作技能结构进行同化与顺应，与学生原有的运动知识与技能图式相匹配和衔接，以更快捷地促进学生动作技能的形成和发展。

（二）适应学生身心发展的一般规律

学生的身心发展通常呈现出阶段性特点，学生的身体发育、认知发展、技能形成等表现出的特点正是我们组织体育课程内容的逻辑依据。体育课程内容既要考虑儿童认知规律，保证获得一定的体育知识，还要考虑儿童身体发育规律，保证其获得一定的体育技能、锻炼方法[①]。体育课程内容衔接需要把握住学生身心发展的阶段性特点，有针对性地设置体育课程内容，更好地促进学生身心发展。

中小学阶段是学生在人生中生长发育速度最快的时期，也是身体素质增长最快的阶段，男生身体素质增长最快的年龄阶段是7～16岁，女生身体素质增长最快的年龄阶段是7～13岁，男、女生在快

① 马维平，晏冬丽．体育课程内容设计的逻辑探寻［J］．西安体育学院学报，2005，22（4）：116－118.

速增长阶段的增长量分别占总增长量的80%和50%以上[①]。中小学阶段不仅是学生身体素质快速增长的阶段，而且还存在着身体素质发展的敏感期。小学阶段学生处于速度素质、柔韧素质、灵敏素质发展敏感期，初中阶段学生身体素质进入全面敏感期，高中阶段学生的力量、耐力素质处于敏感期，体育课程内容衔接也要关注不同身体素质发展的敏感期，有针对性地设置体育课程内容，促使学生身体素质得到发展，使学生身体机能水平得到改善，运动能力得到提升。

体育课与其他学科的课程一样，都在于使学生通过相关文化知识、技能的学习达到发展认识能力的目的[②]。体育课主要通过触觉、视觉、听觉，以身体活动的方式获得肌肉本体感觉，来掌握运动技能。这也是一种认知过程，是身体上的认知[③]。由于不同学段学生身心发展特点以及体能、技能基础不同，学生在获取运动知识与技能时的思维方式也不尽相同，体育课程内容需要考虑不同学段学生认知发展的水平及特点，使课程内容与学生的认知发展相适应。小学阶段，学生注意力不集中，动作学习以具体形象思维为主，动作记忆能力还不够成熟，不太容易接受难度较大的内容，因此课程内容要简单易学、丰富多样、生动有趣。初中阶段学生身体发育基本成熟，具有一定的体能基础，兴趣逐步集中，对学习和掌握运动技能

① 刘振中，戴梦霞．身体素质教育论［M］．广州：广东教育出版社，2002：20.

② 贾齐．“运动规则”及“运动技术”（技能）概念的学科教学论考察［J］．体育与科学，2001，22（5）：59－61，28.

③ 郭有莘．当前运动技能教育发展展望［J］．体育与科学，2002，23（5）：57－59.

具有较强的愿望，这时应以多种运动项目的技能学习和体能练习为主[①]。高中阶段学生认知结构发生质的变化，向熟练运用假设、抽象概括、逻辑推理等方法，更准确、更有效地解决问题的阶段转化，应注重根据学生的运动爱好，让他们选择喜爱的运动项目进行学习，使他们学有专长，并且学以致用。各个学段的体育课程内容都要依据该学段学生的可接受程度而设置，复杂动作技术难度较大，学起来需要花费时间、体力，不适合低学段的学生或者运动能力差的学生。

学段衔接的体育课程内容设置也要关注学生的体育学习需求和情感体验，以兴趣为引导，针对不同学段呈现出的学习兴趣设置课程内容。小学阶段的学生更喜欢游戏类运动项目，初中阶段学生更喜欢多种项目的学习，高中阶段学生更喜欢学习自己擅长的运动项目[①]。只有尊重不同学段学生的学习需求，才会激发学生自主、积极的学习行为，提高体育与健康学习的效果。

（三）遵从运动技能形成与发展的序列性

运动技能是体育课程内容的最基本、最主要的成分，它是一种习得的能力，表现于迅速、精确、流畅、娴熟的身体运动之中[②]。运动技能的学习是一种特殊的学习过程，这一过程以掌握系统、完整、高效的运动技能为目标，伴以身体活动和大肌肉群活动为主要形式的运动技术及其组合的练习。运动技能的形成与发展过程历经从身

① 季浏．论面向学生的中国体育与健康新课程［J］．体育科学，2014，33（11）：28－36，74.

② 邵瑞珍．教与学的心理学［M］．上海：华东师范大学出版社，1990：28.

体动作到动作技能的动作符号学习阶段、从动作技能到运动技能的运动逻辑学习阶段、从运动技能到知识技能的应用意义学习阶段①，并遵从由不成熟、不完善到成熟、完善的发展规律，这种规律性与学生身心发展的规律相呼应，从而对各个学段运动技能学习提出不同的要求，即确定在某一水平段的学生应该学习什么内容并应该达到怎么样的标准。一般说来，学习运动技能应该首先掌握基础运动技能，然后通过动作技能迁移，为学习更高水平的运动技能奠定基础。小学阶段，以发展身体基本活动能力为主，学习简单的运动技术，为后续学习完整的、复杂的运动技能奠定身体条件和基本技术基础；初中阶段，以运动项目学习为主，学习运动项目中的不同动作组合；高中阶段，系统地、完整地掌握1～2项运动技能，并提高运动技能的成熟度。因此，学段体育课程内容在衔接时，需要把握住动作技能形成与发展过程中表现出的由简单到复杂、由分解到完整、由粗略掌握到高度自动化、由不成熟到成熟的序列性，遵从并利用这些规律，突出各个学段体育课程内容学习的侧重点，使学生更好地掌握运动技能。

二、体育课程内容衔接的组织形式

课程衔接是决定课程的范围和顺序，范围是教材中实质的内容、价值、技能和学习经验，顺序则是将这些因素适当地排列秩序，也

① 邓若锋．身体练习体验是体育学习的一种价值诉求［J］．体育学刊，2013（3）：65－69.

即课程的垂直组织①。体育课程内容的衔接不外乎两个方向的衔接，即横向序列的体育课程学科知识与学生生活、学习经验的结合，纵向序列存在于与学生身心发展规律相一致的、时间概念上的体育学科知识与技能的组织、排列秩序。

（一）横向序列的衔接

横向序列的体育课程内容衔接是通过采用补充、延伸、拓展、挖掘、重组等方式，开发和利用体育课程内容资源，将各种与体育课程内容相关的要素融合为一体，并在学生身心发展一定水平阶段上实现体育课程内容与学生社会生活、经验之间的密切联系和融合。

横向序列的体育课程内容衔接首先表现为体育课程内容与课程目标、课程实施的衔接，这种衔接方式以体育课程目标作为引导，以体育课程内容为载体，以保证课程实施为归宿，“一条龙”式地贯彻体育课程的理念，服务于学生的发展。当前我国中小学体育与健康课程标准所设置的形式即为此类衔接方式。它在体育课程目标的引导下，把体育课程内容看作体育与健康知识、技能、方法的实质性载体，突出了体育课程内容在体育课程贯彻实施中的基础性地位。

横向序列的体育课程内容衔接还表现为体育课程内容与学生的生活、学习经验相联系、相融合，与学生身心发展相适应。一是体育课程内容适应学生身心发展，根据学生身心发展表现出来的阶段性特点，选择、设计与学生身心发展敏感期相联系、与学生已有的知识、技能图式相联系的体育课程内容；二是学生通过接受体育课

① 胡春光．课程衔接：含义分析、学理基础及主要问题［J］．武汉商业服务学院学报，2010，24（4）：57－62.

程内容，能够表现出较高的学习热情，积极主动地学习运动知识和运动方法，把学习和运用知识与技能相结合，提升个人的运动知识、能力、素质，促进个体的体质与认知、情感、态度的全面、共同发展。

横向序列的体育课程内容衔接强调体育课程内容与体育课程各要素、个体身心发展各要素之间的横向联系、沟通、融合，通过横向序列的衔接，既能巩固体育课程内容的“桥头堡”地位，又能打通体育课程内容走进学生社会生活的通道。

（二）纵向序列的衔接

体育课程内容的纵向衔接就是以学生的成长过程为时间轴，依据不同年龄阶段学生的身心发展特点，按照体育学科知识存在逻辑演进的序列性，对各种体育课程内容要素进行组织与安排[①]。根据学生系统接受体育课程教学的过程，我们可以把纵向序列的体育课程内容衔接分为先后次序的课时体育课程内容衔接、学期（学年）体育课程内容衔接、学段体育课程内容衔接。

1. 课时体育课程内容衔接

课时体育课程内容衔接是以课时为基本时间单位，使每一堂课的具体教学内容围绕教学目标、教学任务和学生身体活动程度以及掌握运动知识、技能的程度而保持前后联系。它通常是指前后两个课时之间体育课程内容的衔接关系，前一课时的课程内容是后一课

① 张勤．中国基础教育体育课程内容设计研究［D］．福州：福建师范大学，2004：87.

时课程内容的铺垫，后一课时课程内容是前一课时的延续和发展。课时衔接的体育课程内容较为细致，通常按照运动技能的发展序列进行，具体到学习某一动作技能时，依据动作技能形成的阶段，可以分为泛化—分化阶段的衔接、分化—自动化阶段的衔接。但是，在安排课时衔接的课程内容时需要把握循序渐进的原则，使不同课时课程内容的难度由浅入深、由易到难，与学生动作技能的学习、认知规律保持一致。课时衔接的体育课程内容因其时间跨度不大，学生成长的阶段性还没有明显区分，所以前后两个衔接处的体育课程内容差异并不太明显。

2. 学期（学年）体育课程内容衔接

学期（学年）体育课程内容衔接以学期（学年）为时间单位，按照学期（学年）的先后顺序，根据学期（学年）的课程目标、教学任务，把前后相邻学期（学年）的体育课程内容衔接起来。学期（学年）的体育课程内容因时间跨度较大，每个学期（学年）的体育课程内容各有侧重，相邻学期（学年）课程内容表现出一定的差异性，如初中阶段学习乒乓球项目，第一学年可能学习握拍的方法、熟悉球性、学习平击发球、学习接发球、学习推挡球技术，第二学年可能学习推挡球技术、学习攻球技术，两个学年的学习重点并不相同。尽管相邻学期（学年）课程内容的差异性有所表现，但处于同一个学段内的前后相邻的两个学期（学年），学生的身心发展并不是与之呈一一对应关系，很难区分年龄相仿的学生在身心发展特征方面的具体差异，且课程环境也没有发生太大的变化，体育课程内容衔接的特点不太鲜明。

3. 学段体育课程内容衔接

以学段为时间单位，通常将学制划分的小学、初中、高中、大学等学段的体育课程内容衔接起来。各个学段体育课程内容既包括发展人体基本活动能力的内容，又包括全面发展身体素质和提高学生身体机能水平的内容，各个学段课程内容之间的联系凸显出以学生身心发展的需求为主线，遵循由易到难、由简到繁、由浅入深的顺序进行配置。各个学段的体育课程内容因为课程环境和教学对象差异显著，其体育课程内容随着学生身心发展在各个阶段的差异性而呈现出不同的阶段性特点。把握体育课程内容的阶段性特点，为相邻两个学段的体育课程内容建立联系，即为纵向上推进的学段体育课程内容衔接。

运动项目是体育课程内容的基础，学段体育课程内容衔接多是以运动项目的动作技术衔接为表现形式，这样更能体现体育课程内容衔接的直观性和可操作性。因此，从体育课程内容在不同学段的呈现形式上，我们又可将学段的体育课程内容衔接分为不同学段不同运动项目的衔接和不同学段相同运动项目的衔接。

三、体育课程内容衔接的特征

学段体育课程内容衔接的目标是通过体育课程内容的衔接，使各个学段体育课程的整体功能得到较大程度的发挥。体育课程内容进行学段之间的衔接时，通常表现出如下特征。

（一）整体性

大、中、小学体育课程是一个有机联系的整体，体育课程内容同体育课程理念、体育课程目标、体育课程评价等内容共同组成了体育课程的有机整体。其中，体育课程内容是实质和核心，各个学段体育课程内容的衔接是保证体育课程整体功能发挥的根本。各个学段体育课程内容衔接的实质是将各个学段体育课程内容集中、系统设计，“合并同类项”，避免课程内容简单重复，实现各个学段的一体化。

（二）连续性

如果人的学习和发展具有整体性，而这种学习和发展在不同年龄或年级阶段之间是连续的，那么，不同学段学习内容之间就不是孤立的，而是彼此关联的[①]。体育课程伴随着学生从小学到中学乃至大学的求学过程而开设了 14 年之久。一般来说，学段体育课程内容是根据该学段学生身心发展的特点而设计的，各个学段体育课程内容都具有学段的特点。但是，各个学段的体育课程内容以学生身心发展为逻辑主线，伴随学生整个求学的过程，呈现出一种持续的状态。如果是各个学段各行其是，体育课程内容零散、不成体系，很难保证让学生产生持续 14 年的体育行为和情感。

---

① 杨向东．基础教育学业质量标准的研制［J］．全球教育展望，2012，41（5）：32 -41.

（三）针对性

大学、中学、小学分别属于不同的教育阶段，处于不同时期的学生，其生理心理发展水平是不一样的，不同时期的学生对体育课程内容的接受程度也是不尽相同的。根据学生身体素质敏感期的特征，体育课程内容要突出重点，如小学阶段是发展柔韧素质和灵敏素质的最佳时期，高中阶段是发展力量素质的大好时机，切不可在小学阶段安排过多的力量素质的内容，因为过重负荷可能会使人体的骨化过早完成，影响学生身高的发育。学段体育课程内容衔接是一种阶段性特征鲜明的衔接，它并不是无视各个学段学生身心发展、课程设置条件的差异，搞“一刀切”或同一化，而是针对该学段学生身心发展的程度设置有针对性、有特点、有重点的体育课程内容。

（四）顺承性

学段体育课程内容衔接首先强调各个学段是一种顺承关系，它的顺序依次是小学、初中、高中、大学，不能颠倒这种学段排列顺序；其次，强调学生运动知识、技能、经验发展的顺序性，即强调学生知识、技能的获得是一种循序渐进的过程，应该经历“粗略掌握—改进和提高—巩固与运用自如”的过程，高学段学习经验、知识技能水平的提升应该建立在前一学段经验积累的基础上。此外，强调体育课程内容的顺序性，即知识、技能的序列性，每一个运动项目的知识与技能排列应该是有序的，前一知识点是后一知识点的基础，它遵循由易到难、由简到繁的规律。这些学段的先后关系、知识与技能的形成过程、知识排列关系都与学生身心发展规律相一致，前后之间相互呼应就是一种有序的衔接。

（五）弥合性

与其他学科（语文、数学、物理等）课程内容相比，体育课程内容是以运动项目为知识单元，各个知识单元大多处于并联状态，如篮球、排球、足球、乒乓球等运动项目的学习不必分出谁先谁后。为了避免体育课程内容的重复设置，就需要瞻前顾后，防止所有学段重复学习同一个运动项目的情况发生。即使所有学段学习同一运动项目，也不是单纯的重复，而是注意项目内部各个知识点的逻辑关系，遵循由易到难、由简到繁的规律，从低学段向高学段过渡的过程中体育课程内容的难度、深度、广度都有所提高，从而避免低水平重复现象的发生。相对而言，高学段更需要弥合低学段体育课程内容设置的不足。

第三节　学段体育课程内容衔接的出发点

学生是体育与健康课程中最基本的要素，体育与健康课程的目标设定、内容设计、实施与评价等都是围绕学生进行的，因此，体育课程内容衔接的出发点也是为了学生的身心健康发展。学生的身心发展和学习过程都是有一定规律的，并且在不同阶段表现出不同的规律。在进行学段体育课程内容衔接的设计时，必须以遵循学生身体发育规律、顺应学生认知发展过程和满足学生情感发展需要为方向，围绕运动技能形成的目标主线，设计各个学段相互衔接的体育课程内容。

一、适应体育课程目标的预设

确定课程目标不仅有助于明确课程与教育目的、培养目标的衔接关系，从而明确课程编制工作的总体方向，而且有助于课程内容的选择和组织，并可作为课程实施的基本依据和课程评价的主要准则①。中小学体育课程目标，作为学生通过小学阶段、初中阶段、高中阶段共12年的体育课程学习之后在知识、技能、能力、情感态度等方面所要达到的发展水平，很大程度上规范着体育课程内容的选择与设计、实施与评价，并且以明确、具体的方向引导着学生的学习与发展。但是，课程内容的选择与设计方式也会对体育课程目标产生相应的需求，必要时需要及时调整课程目标以呼应课程设计的需求，从而保证课程的顺利实施。

（一）突出三个学段课程目标的导向

根据学生身心发展的特征和学习内容的可接受程度，确定不同年龄段学生的学习任务，是一切课程在具体设计时都必须考虑的首要问题。但是，与心理和智力发育相比，儿童少年在身体发育方面表现出更大、时间更长的个体差异性，较少受社会环境因素的影响。因此，如果按照学生的自然年龄来确定学生的学习任务，按严格的技能尺度去要求和评价每个学生的体育学习，势必造成学生学习差距的扩大。这种差距不但未能真实全面地反映学生的发育和体育学

① 施良方．简论课程目标的三种取向［J］．课程・教材・教法，1995（6）：60－62.

习状况，而且不利于学生良好体育行为和兴趣的形成。因此，体育与健康课程标准没有采用按年级划分学生阶段的方式，而是根据学生身心发展的规律和体育学习的特点，将 1～12 年级的体育与健康课程学习划分为六级水平，并按照不同的学习领域设置相应的水平目标。水平一至水平五分别相当于小学 1～2 年级、3～4 年级、5～6 年级、初中和高中阶段学生预期达到的学习结果①。

课程目标是根据教育目的和教育规律而提出的课程的具体任务指标，不同的教育目的（教育现实）需要有与其相适应的课程目标取向。课程目标具有一定的结构性和层次性，每一门课程都有一个总体目标，即课程的总目标，同时又有相对具体化的学段目标、学

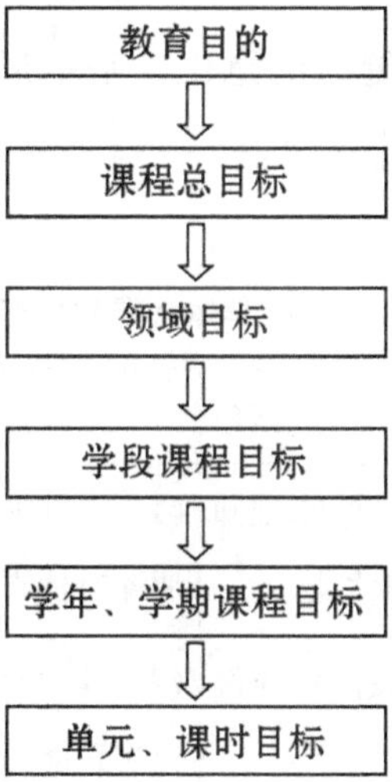

图 4－1　课程目标组成图

① 谭华，李勤．我国体育课程改革的基本理念［J］．体育学刊，2003，10（2）：8－11.

年目标、课时目标等（图 4－1）。体育课程也不例外。教育部颁布的各级学校课程标准中，对某一阶段的体育课程目标做出明确而权威的规定，指明了实施体育课程与教学的方向。本书选取《义务教育体育与健康课程标准（2011 年版）》和 2003 年颁布的《普通高中体育与健康课程标准（实验）》规定的中小学体育课程目标，说明各级课程目标的重点与实施方向。

《义务教育体育与健康课程标准（2011 年版）》将小学和初中阶段体育课程目标（表 4－1）规定为：①通过课程的学习，学生将掌握体育与健康的基础知识、基本技能与方法，增强体能；②学会学习和锻炼，发展体育与健康实践和创新能力；③体验运动的乐趣和成功，养成体育锻炼的习惯；④发展良好的心理品质、合作与交往能力；⑤提高自觉维护健康的意识，基本形成健康的生活方式和积极进取、乐观开朗的人生态度[①]。

表 4－1　中小学体育课程目标的设置

九年义务教育阶段体育课程目标内容	高中阶段体育课程目标
（1）学生将掌握体育与健康的基础知识、基本技能与方法，增强体能	（1）学生将提高体能和运动技能水平，加深对体育与健康知识和技能的理解
（2）学会学习和锻炼，发展体育与健康实践和创新能力	（2）学会体育学习及其评价，增强体育实践能力和创新能力

① 中华人民共和国教育部．义务教育体育与健康课程标准（2011 年版）［M］．北京：北京师范大学出版社，2012：6.

续表

九年义务教育阶段体育课程目标内容	高中阶段体育课程目标
(3) 体验运动的乐趣和成功，养成体育锻炼的习惯	(3) 形成运动爱好和专长，培养终身体育的意识和习惯
(4) 发展良好的心理品质、合作与交往能力	(4) 发展良好的心理品质，增强人际交往能力和团队意识
(5) 提高自觉维护健康的意识，基本形成健康的生活方式和积极进取、乐观开朗的人生态度	(5) 具有健康素养，塑造健康体魄，提高对个人健康和群体健康的社会责任感，逐步形成健康的生活方式和积极进取、充满活力的人生态度

《普通高中体育与健康课程标准（实验）》将高中阶段体育课程目标规定为：①通过本课程学习，学生将提高体能和运动技能水平，加深对体育与健康知识和技能的理解；②学会体育学习及其评价，增强体育实践能力和创新能力；③形成运动爱好和专长，培养终身体育的意识和习惯；④发展良好的心理品质，增强人际交往能力和团队意识；⑤具有健康素养，塑造健康体魄，提高对个人健康和群体健康的社会责任感，逐步形成健康的生活方式和积极进取、充满活力的人生态度[①]。

由中小学体育课程目标可见，课程标准非常重视学生通过本课程的学习，不但要在体能、体育与健康知识和运动技能方面有所获

① 中华人民共和国教育部．普通高中体育与健康课程标准（实验）［M］．北京：人民教育出版社，2003：11.

益，而且更要使自己形成坚持体育锻炼的习惯和健康的生活方式，并具有积极进取、乐观开朗的生活态度①。

就课程目标的组成成分而言，体育与健康课程标准所规定的小学和初中阶段、高中阶段的体育课程目标主要指向学生的认知、技能、情感和应用四个方面的培养与形成。认知方面强调学生掌握体育与健康的基础知识、基本技能与方法。技能方面强调学生学会体育学习及其评价，发展或增强体育实践能力和创新能力，形成运动爱好和专长。情感方面强调体验运动的乐趣和成功，培养终身体育的意识和习惯，发展良好的心理品质。应用方面强调提高对个人健康和群体健康的社会责任感，基本形成健康的生活方式和积极进取、充满活力的人生态度。

从当前中小学课程目标的设置来看，九年义务教育阶段（1～9年级）较为注重教学内容的基础性和全面性，高中阶段（10～12年级）则更强调教学内容的多样性和选择性②。中小学体育课程目标的呈现形式还表现出一定的全面性、整体性、一致性、递进性等特点。

课程目标的全面性主要表现在课程目标内容的全面性，目标内容所涉及的知识技能、方法过程、情感态度等领域，体现着体育课程对促进学生全面发展的要求。课程目标的整体性并非仅仅动用学生的智力、技能因素来实现，还需要学生的情感、态度、个性、性格、气质、意志等因素共同投入，需要认知、技能、情感和应用四

---

① 季浏，胡增荦．体育教育展望［M］．上海：华东师范大学出版社，2001：138.

② 阎智力，金玉光．中美中小学体育课程目标比较研究［J］．天津体育学院学报，2005，20（1）：37－40.

个方面相互联系，如掌握体育与健康的基础知识、基本技能与方法，是提高自觉维护健康的意识的基础。课程目标的一致性是指小学阶段向高中阶段目标实现的过程中并非是割裂的，而是连贯的，纵向上是一致的，即小学的课程目标强调认知、技能、情感和应用四个方面，在初中、高中也需要一贯地执行，以保持目标在各个学段的共同、共通。课程目标的递进性是指低学段向高学段发展过程中具有由低到高、由弱向强的递进关系，如在认知方面，小学、初中强调掌握体育与健康的基础知识、基本技能与方法，而高中阶段则强调加深对体育与健康知识和技能的理解、应用。

（二）维系四个学习方面目标的平衡

体育课程在总体目标框架下，为了进一步突出学段目标的重点，在小学和初中阶段从运动参与、运动技能、身体健康、心理健康四个学习方面分置了课程目标。高中阶段则从运动参与、运动技能、身体健康、心理健康、社会适应五个学习方面分置了课程目标。

从四个方面或者五个方面分置的课程目标中可以明显地看出，义务教育阶段小学和初中四个方面的目标是相同的，只是对小学阶段和初中阶段达到目标的要求不同（表4－2）。高中体育课程目标与义务教育阶段小学、初中课程目标都重视学生参与体育锻炼，掌握运动技能，全面发展体能，只是小学和初中阶段的课程目标更加注重基础，高中阶段的目标则强调学生的自觉养成，注重运动知识与技能在先前学习的基础上进一步提高、发展。

表4－2 中小学体育课程目标的分置

分置领域	小学、初中目标	高中目标
运动参与	参与体育学习和锻炼 体验运动乐趣与成功	自觉参与体育锻炼 应用科学的方法参加体育锻炼
运动技能	学习体育运动知识 掌握运动技能和方法 增强安全意识和防范能力	获得和应用运动基础知识 掌握和运用运动技能 具有安全进行体育活动的能力
身体健康	掌握基本保健知识和方法 塑造良好体形和身体姿态 全面发展体能与健身能力 提高适应自然环境的能力	全面发展体能 提高预防疾病的意识和能力 理解营养、环境和生活方式对身体健康的影响 改善身体健康状况
心理健康（高中）与社会适应	培养坚强的意志品质 学会调控情绪的方法 形成合作意识与能力 具有良好的体育道德	培养积极的自我价值感 提高调控情绪的能力 形成坚强的意志品质 具有预防心理障碍和保持心理健康的能力
社会适应		具有和谐的人际关系、良好的合作精神和体育道德 具有积极的社会责任感

运动参与是指学生参与体育学习和锻炼的态度及行为表现，其目标强调参与体育学习和锻炼、体验运动乐趣与成功。运动技能是指学生在体育学习和锻炼中完成运动动作的能力，其目标强调学习

体育运动知识、掌握运动技能和方法、增强安全意识和防范能力。身体健康是指人的体能良好、机能正常和精力充沛的状态，其目标强调掌握基本保健知识和方法、塑造良好体形和身体姿态、全面发展体能与健身能力、提高适应自然环境的能力。心理健康与社会适应是指个体自我感觉良好以及与社会和谐相处的状态与过程，其目标强调培养坚强的意志品质、学会调控情绪的方法、形成合作意识与能力、具有良好的体育道德。

从分置的四个方面学习目标可以看出，四个方面的学习目标更为具体、清晰，其规定性旨在通过体育与健康课程的学习，力求达到具体要求；而且，从各学习方面的定位和要求上还能了解到师生在达成各方面目标时的操作方法和行为方式①。在分置四个（或者五个）学习方面目标的同时，课程目标也对不同学段完成四个（或者五个）方面的目标作出明确的要求（表4－3）。

表4－3　中小学体育与健康课程四个或者五个学习方面的目标要求

学习方面	小学阶段的要求	初中阶段的要求	高中阶段的要求
运动参与	注重引导学生体验运动乐趣，激发、培养学生的运动兴趣和参与意识	引导学生逐步形成体育锻炼的意识和习惯	重视促进学生自觉参与体育活动，掌握和应用科学锻炼身体的方法，提高自主学习和锻炼的能力，形成坚持体育锻炼的习惯，增强终身体育和保持健康的意识

① 于素梅．走进新课标 了解新规定：如何从“四个学习方面”把握好课程目标的规定性［J］．中国学校体育，2013（6）：59－61.

续表

学习方面	小学阶段的要求	初中阶段的要求	高中阶段的要求
运动技能	注重体育游戏学习，发展学生的基本运动能力；重视选择武术等民族民间传统体育活动项目进行学习	注重不同项目运动技术的学习和应用，鼓励学生参加多种形式的比赛，逐步增强学生的体育与健康学习能力、安全从事运动的能力，加深对体育运动的理解；重视选择武术等民族民间传统体育活动项目进行学习	尊重学生的不同需要，引导他们根据自己的具体情况选择运动项目进行较系统的学习，促进学生形成自己的运动爱好和专长，发展运动能力，提高体育文化素养，为终身体育奠定基础。在学习民族民间体育类项目同时，重视武术的学习和提高
身体健康	引导学生懂得营养、行为习惯和疾病预防等身体发育和健康的影响	要求学生了解生活方式、疾病预防等对身体健康的影响，自觉抵制各种危害健康的不良行为，初步掌握科学锻炼的方法，提高体能水平，基本形成健康的生活方式	重视学生通过体育活动全面发展体能，增强自我保健和预防疾病的意识，提高改善身体健康的能力，逐步形成健康的生活方式，以有效地提高学生的身体健康水平
心理健康（高中）与社会适应	培养学生自尊心、自信心，具备不怕困难、坦然面对挫折的意志品质，引导学生在体育活动中学会交往	指导学生掌握调节情绪的方法，培养果敢、顽强的意志品质和团队合作精神	帮助学生获得丰富的情感体验，增强积极的自我价值感，提高调控情绪和预防心理疾病的能力，培养坚强的意志品质，逐步形成健康的人格；学会将体育活动中形成的良好心理品质迁移到日常学习和生活中，进一步提高心理健康水平

续表

学习方面	小学阶段的要求	初中阶段的要求	高中阶段的要求
社会适应			帮助学生理解个人参与体育与健康活动的权利和义务，培养关心他人、社区和社会健康问题的责任感，提高人际交往能力，正确处理合作与竞争的关系，表现出良好的体育道德；引导学生学会将体育活动中培养的社会适应能力迁移到日常学习和生活中

运动参与方面，小学阶段要求注重引导学生体验运动乐趣，激发、培养学生的运动兴趣和参与意识；初中阶段要求注重引导学生逐步形成体育锻炼的意识和习惯；高中阶段要求注重提高自主学习和锻炼的能力。

运动技能方面，小学阶段要求注重体育游戏学习，发展学生的基本运动能力；初中阶段要求注重不同项目运动技术的学习和应用，鼓励学生参加多种形式的比赛，逐步增强学生的体育与健康学习能力、安全从事运动的能力，加深对体育运动的理解；高中阶段则要求引导学生根据自己的具体情况选择运动项目进行较为系统的学习，促进学生形成自己的运动爱好和专长，发展运动能力，提高体育文化素养，为终身体育奠定基础。三个学段都重视选择武术等民族民间传统体育活动项目的学习。

身体健康方面，小学阶段要求注意引导学生懂得营养、行为习惯和疾病预防等身体发育和健康的影响；初中阶段要求学生了解生活方式、疾病预防等对身体健康的影响，自觉抵制各种危害健康的不良行为，初步掌握科学锻炼的方法，提高体能水平，基本形成健康的生活方式；高中阶段要求重视学生通过体育活动全面发展体能，增强自我保健和预防疾病的意识，提高改善身体健康的能力，逐步形成健康的生活方式，以有效地提高学生的身体健康水平。

心理健康与社会适应方面，小学阶段要求注意培养学生自尊心、自信心，具备不怕困难、坦然面对挫折的意志品质，引导学生在体育活动中学会交往。初中阶段要求注意指导学生掌握调节情绪的方法，培养果敢、顽强的意志品质和团队合作精神。高中阶段在心理健康与社会适应方面分别作出要求，其中心理健康部分要求帮助学生获得丰富的情感体验，增强积极的自我价值感，提高调控情绪和预防心理疾病的能力，培养坚强的意志品质，逐步形成健康的人格；学会将体育活动中形成的良好心理品质迁移到日常学习和生活中，进一步提高心理健康水平。社会适应部分要求帮助学生理解个人参与体育与健康活动的权利和义务，培养关心他人、社区和社会健康问题的责任感，提高人际交往能力，正确处理合作与竞争的关系，表现出良好的体育道德；体育活动对发展学生的社会适应能力具有独特的作用，应当引导学生学会将体育活动中培养的社会适应能力迁移到日常学习和生活中。

从学生身心发展的阶段性特点出发，从四个方面或者五个方面分置课程目标，以及分别对小学、初中、高中阶段提出教学方面的要求，虽然不够具体、明细，但已经注意到中、小学阶段课程目标存在着差异性。分置具有学段差异化的课程目标，不仅突出各个学段学习目标的侧重点，同时也是出于课程目标整合的需要，其目的在于使各个学段课程目标的联系与衔接进一步加强，突出课程目标的整体性、连贯性和可操作性。

二、促进学生身体素质的发展

（一）遵循学生的身体发育规律

1. 小学低年级学生的身体发育特征

小学低年级阶段的学生骨骼正处于生长发育阶段，骨化过程尚未完成，软骨组织较多，骨骼弹性大而硬度小、柔软且容易变形，抗压能力较差；关节内外的韧带薄而松弛，关节灵活性与柔韧性较好，但牢固性较差；肌肉的发育尚不完全，含水分较多，蛋白质、脂肪、糖、无机物较少，肌纤维较细，富于弹性，但肌力弱，耐力差，易疲劳。因此，此阶段课程内容需要注意培养学生正确的身体姿势，不宜安排过多肌肉力量、耐力方面的练习，并且要避免猛烈的动作以防关节脱位。此阶段学生的心脏发育及神经调节还不够完善，心脏体积较小且发育不完全，心肌弹性纤维少且心脏收缩力弱，尤其不宜进行长时间、静力性力量练习。此阶段学生胸廓狭小，气道狭窄，呼吸肌不发达，肺活量较小，但新陈代谢旺盛，对氧的需求量较大，不宜做过多的屏息、憋气相关的动作。此阶段男、女生的生长发育指标、身体各部分的比例差别很小，不太影响男、女生同班授课的效果。

2. 小学高年级学生的身体发育特征

小学高年级阶段的学生步入青春前期，开始进入生长发育高峰期，男、女生身高急剧增长（女生增长显著），体重也开始明显增加，男、女生的生长发育指标、身体各部分的比例发生显著的变化，第二性征逐渐发育，学生的性别意识逐渐出现，同班授课的效果受到影响。此阶段学生的骨化过程并未完成，骨骼抗压能力仍然较差，肌肉力量虽有所增强，但肌肉耐力较差，仍然不适宜进行过多肌肉力量、耐力方面的练习。此阶段学生的神经调节功能逐步完善，运动感觉有了相当程度的发展，对简单的动作技能有所控制，动作的准确性、协调性、灵活性进一步增强，适宜进行体操、健美操以及球类等项目的基本动作技能的学习。由于此阶段学生处在生长发育高峰期，身体外部形态发展迅速，胸廓开始增大，呼吸肌逐渐发达，呼吸肌力量逐渐增强，肺活量加大，心脏发育速度加快，新陈代谢更加旺盛，身体对氧的需求相对较多。此阶段适合安排一些短时间速度性活动内容，仍然不适宜开展大量的、运动负荷强度较大的耐力性练习、力量性练习、静力性练习。由于此阶段学生正处于身体形态的发育高峰期，学生正确身体姿势的养成处于关键期，因此更需要强调动作的准确性、规则性。

3. 初中学生的身体发育特征

初中阶段的学生正值青春发育期，学生身高以每年 6 ~ 8 厘米，甚至 10 厘米左右的速度增长。初中学生体重的增加十分明显，每年可增加 5 ~ 6 千克，突出的可增加 10 千克左右。学生的骨骼生长不仅体现在长度，而且在形式、比例和构造方面都发生了变化，软骨已由坚硬的骨骼所代替①，骨骼耐压能力增强，课程内容中可以安排

① 季浏，汪晓赞．初中体育与健康新课程教学法［M］．北京：高等教育出版社，2003：30 – 31.

适量的力量练习。肌肉长度随身高增长而增长，肌肉纤维随体重增长而增粗，并变得粗壮、有力。初中阶段学生的心肺功能发育加快，并逐渐趋于成人化，肺活量加大并接近峰值；心脏功能逐渐完善，平均心率达到75次/分左右；呼吸肌的力量增强，氧运输能力提高，呼吸频率达到成人水平，每分钟呼吸16次左右。由于初中阶段的学生正值青春发育期，学生的身体形态、素质、机能各项指标都在随年龄的增长而发育，并趋于完善，可以承受适量的耐力性、力量性、速度性、柔韧性、灵敏性的课程内容，因此，此阶段适宜传授运动技能，发展运动能力，全面提升学生的身体素质。

4. 高中学生的身体发育特征

高中阶段的学生进入青春发育后期，是身体发育的定型期。此阶段学生身高增长的速度明显下降，骨化过程基本完成，身体各器官及其机能达到成人水平。男、女生在身体方面的差异越来越明显，第二性征表现突出，女生完成身体发育，男生也基本完成身体发育，男生身上的睾丸素是女生的15倍，刺激着男生好动、好竞争、敢冒险，渴望成为最强壮、最勇敢、最坚强的男子汉①，男生的体育需求明显旺盛，且强于女生。此阶段学生的神经系统特别是大脑皮质的结构和机能，已经逐步发育成熟，对运动技能的学习及学习程度具有较强的控制和辨别能力。学生的运动系统、氧运输系统、神经系统、物质代谢和能量代谢都趋于稳定，并达到成人水平，男、女生都表现出协调性的增强，可以学习有难度的动作；男、女生的肌肉

① 冯晓玲．我国青少年身体素质下降的成因分析与对策研究［D］．北京：北京体育大学，2012：63－64.

力量、耐力增强，呼吸肌更加发达，身体承受的运动负荷量和强度增加。高中生的这些生理特点为掌握各种动作技能、进行各种身体活动的练习、学习复杂多变的技战术提供了可能性。

不同学段学生身体发育状况影响其可参与的身体活动内容，在适宜一些活动内容的同时会不适宜另一些活动，如表4－4所示。另外，学生的身体发育具有明显的规律性，这种规律性是伴随着学生从小到大、从少年到青年的成长过程而表现出来的。各个学段学生的身体发育具有截然不同的特征，体育课程内容的设置可以根据学生成长的阶段性特征突出学段的特点、重点。

表4－4　不同学段学生身体发育对身体活动内容的适宜与不宜

学段	适宜的身体活动内容	不宜的身体活动内容
小学低年级	基本的身体活动内容	过多肌肉力量、耐力方面的练习，避免猛烈的动作，长时间、静力性力量练习，过多屏息、憋气动作
小学高年级	短时间速度性活动内容，适宜体操、健美操以及球类等项目的基本动作技能的学习	过多肌肉力量、耐力方面的练习，不宜进行长时间、静力性力量练习
初中	适量的力量练习，适宜传授运动技能，全面发展运动能力	较大强度的力量练习，女生生理周期的大强度身体活动
高中	掌握各种动作技能，进行各种身体活动练习，学习复杂多变的技战术	女生生理周期的大强度身体活动

（二）把握学生身体素质敏感期

“敏感期”一词是荷兰生物学家德·弗里在研究动物成长时首先使用的名词，后来蒙台梭利在长期与儿童的相处中发现，儿童的成长也会产生同样的现象，因而提出了敏感期的原理，并将它运用在幼儿教育上，对提升幼儿智力有卓越的贡献。蒙台梭利认为，儿童对于特殊的环境刺激有一定的敏感时期，这种敏感时期与生长现象密切相关，并和一定的年龄相适应，儿童身体素质的发展就是建立在敏感期所打下的基础之上。当孩子处于某个敏感期时，他会产生一种敏感力。当敏感力产生时，孩子内心会有一股无法抑制的动力，驱使孩子对他所感兴趣的特定的事物产生尝试或学习的狂热，直到满足需求或敏感力减弱，这股力量才会消逝。蒙台梭利称这段时期为敏感期，有些教育家则称为学习的关键期或教育的关键期①。

运动生理学认为，儿童青少年时期，生长发育和身体素质的发展具有一定的规律性，各项身体素质随年龄的增长而快速增长，这一阶段就称为身体素质的敏感期。例如，3～10 岁是儿童大肌肉运动发展的敏感期，如果在动作发展的关键时期儿童动作发展存在的差距未能得到识别和补救，就可能导致运动能力以及其他发展领域的缺陷和不足；反之，如果这个时期对儿童大肌肉动作发展状况进行科学的评价和有针对性的指导与训练，将对儿童的身心发展产生积极的推动作用②。

---

① 谢明晔，翟强．运动技能发展敏感期对体育教学衔接的探索性研究［J］．东北农业大学学报（社会科学版），2012，10（2）：89－91.

② 董奇，陶沙．动作与心理发展［M］．北京：北京师范大学出版社，2004：8－10.

在不同年龄阶段，各项身体素质的增长速度不同，即使在同一年龄阶段，不同身体素质的发育速度也不一样[①]。中小学阶段是人生中成长发育速度最快的时期，也是处于身体素质增长最快的阶段。提高学生身体素质必须抓住这个关键期，加大对学生身体素质的训练，适当增加运动量，充分挖掘潜力[②]。只有根据学生身体素质敏感期科学地设置体育课程内容，才能使体育课程真正发挥出对提升学生身体素质的功能和价值。若错过身体素质发展的关键期，将降低体育课程的“育体”价值，给学生带来无法弥补的损失。

从表4－5中可以看出，小学阶段的学生正处于速度素质敏感期，反应速度敏感期出现在9～12岁，位移速度和动作速度敏感期分别发生在7～12岁、9～13岁，7～13岁是发展动作频率的敏感期，男、女生之间没有太大的差异；儿童少年时期力量素质发展的敏感期颇受争议。总体看来，女生力量素质发展的敏感期为11～15岁、男生力量素质发展的敏感期为12～16岁[③]；有氧耐力素质的敏感期出现在9～17岁，无氧耐力素质敏感期出现在9～20岁；柔韧素质敏感期出现在7～12岁；灵敏素质敏感期出现在7～13岁。

---

① 王步标，华明．运动生理学［M］．北京：高等教育出版社，2011：271.

② 刘振中，戴梦霞．身体素质教育论［M］．广州：广东教育出版社，2002：20.

③ 王步标，华明．运动生理学［M］．北京：高等教育出版社，2011：274.

表 4－5　几种主要素质发展的敏感期

身体素质		男生	男、女生	女生
速度	位移速度		7～12 岁	
	反应速度		9～12 岁	
	动作速度		9～13 岁	
	动作频率		7～13 岁	
力量	速度力量	7～14 岁		7～13 岁
	力量耐力	7～17 岁		7～13 岁
	绝对力量		15～17 岁	
	相对力量		10～14 岁	
耐力	有氧耐力	10～17 岁		9～14 岁，16～17 岁
	无氧耐力	10～20 岁		9～18 岁
柔韧			7～12 岁	
灵敏			7～13 岁	

注：王步标、华明．运动生理学［M］．北京：高等教育出版社，2011.

根据学生身体素质敏感期分布规律，结合学生的身体发育规律，在配置体育课程内容时，可以采取如下方式：其一，小学低年级体育课程内容可以安排一些速度素质的练习，尤其是反应速度的学习内容，如各种看、听信号的速度练习，都可以有效发展学生的反应速度。但是，由于此阶段学生神经机能的兴奋占主导，兴奋水平高，且容易疲劳，反应速度的练习时间应该短，内容应丰富。此阶段学生的骨骼弹性好，可塑性大，关节韧带伸展的幅度大，是进行柔韧素质练习的大好时机，可以安排体操和技巧的内容，如压腿、踢腿、劈叉、下桥等，可以设置发展灵敏协调性的内容，如跳绳、毽球等。

其二，小学高年级是速度、耐力、柔韧、灵敏素质发展的敏感期，与速度相关的课程内容应突出动作速度和动作频率，通过追逐游戏、接力、听节拍各种方式跑等多种形式，来发展位移速度和动作频率。与耐力相关的课程内容可以安排一些趣味性的长距离耐力跑，可采用重复跑、变速跑、障碍跑、自然地形越野跑等方法进行耐久跑的练习，这样可以发展学生的无氧耐力和有氧耐力。此阶段可以把速度、柔韧和灵敏素质结合发展，课程内容主要配置徒手操、体操、武术、滑冰以及球类游戏等，重点发展学生的灵敏协调性、柔韧、动作频率。但此阶段学生的肌肉组织发展较迟，心血管系统、呼吸系统发育尚未成熟，需要合理配置课程内容，给予学生适当的量与强度刺激，避免运动疲劳和肌肉损伤。其三，初中阶段是全面发展身体素质的重要阶段。初中学生身体素质的敏感期遍布整个初中阶段，几乎所有的运动项目都可以用来发展学生的身体素质。此阶段刚进入力量发展的敏感期，重点发展学生的速度耐力、腰腹肌力量、下肢爆发力、臂肌力量，可以设置短距离跑、仰卧起坐、立定跳远、引体向上等活动内容，并可以将此作为评定学生身体素质发展的内容。其四，高中阶段，柔韧、灵敏、速度素质已经度过发展的敏感期，发展速度明显变慢甚至停滞或下降，但仍需要维持敏感期发展的成果，并且尽可能地提高发展的成绩。在发展耐力和力量素质时，附带柔韧、灵敏、速度素质的维持，可以采用综合内容发展学生的身体素质，如通过球类运动等发展反应速度和灵敏性；通过推、掷、抛实心球或推铅球增强上肢肌肉的爆发力；通过中长距离跑（游泳、滑冰）以及篮球、排球、足球等球类项目发展有氧耐力。此阶段可以以提高运动成绩为目的，追求各项身体素质向高、快、远、大、稳的方向发展。

三、促进学生心理素质的完善

（一）顺应学生心理发展的客观规律

认知心理学家皮亚杰认为，动作图式是婴儿认知结构的基石，个体感知动作发展在个体心理发展中具有重要意义①。这说明运动技能的形成是个体身体与心理交互作用的结果。在设置体育课程内容时，课程设计者不仅要重视促进学生的身体健康与发展身体能力，还要注重与动作技能形成具有关联的内在神经活动与心理发展过程，关注个体身体意识、观察、注意、自尊、创造、学习动机、学习能力、情绪情感等方面的发展。

1. 小学低年级学生的心理发育特征

小学低年级学生的高级神经活动的基本过程进一步增强，但神经系统兴奋与抑制的发展并不均衡，兴奋过程占明显优势②，神经元的抑制过程不完善，尤其是分化抑制能力差，错误动作多，动作的精准度差。况且，学生注意力不易集中，没有预定的目的，只注意新奇有趣、吸引人的事物和学习材料，对于新鲜的课程内容具有较强的期待和渴望。但是，由于学生神经元的工作效率较低，兴奋持续时间有限，容易疲劳，学生注意力的稳定性较差，注意力保持的时间为15分钟左右，因此对于一节45分钟的体育课，有必要设置

① 董奇，陶沙．动作与心理发展［M］．北京：北京师范大学出版社，2004：133.
② 王步标，华明．运动生理学［M］．北京：高等教育出版社，2011：269－270.

多样的课程内容以调节学生的注意力。

小学低年级学生的动作技能学习主要依赖第一信号系统，视觉感知信息和运动器官间的协调与配合还没有完善，动作技能的学习主要依靠模仿，形象具体的信号刺激才能够推动学生的认知结构建立“刺激—反应”的联系，因此，此阶段的体育课程内容要简单明了，生动形象，易学易教。

小学低年级学生的情绪情感比较鲜明、活泼，表现欲比较强，爱争强好胜，可以根据此特点设置适当的竞速游戏或者技能展示的内容；此阶段学生的自我控制能力还不太强，学习动机并不明确，虽然对体育课程有一定的好奇心、求知欲，但他们的学习动机完全建立在运动兴趣的基础上，且不稳定、易变，还不能确定学生到底喜欢哪种类型的课程内容，仍需要在教师的引导和关怀下进行学习。小学低年级的学生倾向于将注意重点放在那些可观察的特征和行为上，他们喜欢扮演各种角色，喜欢在别人面前展示自己。因此，小学低年级体育课程可以设置适当的情境内容，将走、跑、跳、投、悬垂、支撑、攀登、爬越等人体基本活动以及韵律操、舞蹈等课程内容故事化、情景化、角色化，赋予运动知识与技能以鲜活的生活情境，并通过体育游戏的形式表现出来，能够使学生在参与运动的过程中获得积极的情感体验。

2. 小学高年级学生的心理发育特征

小学高年级特别是进入 6 年级的学生，大部分开始步入青春发育前期，并出现明显的第二性征，性别意识非常明显，女生开始变得羞怯、忸怩、敏感，不愿意在男生面前表现，诸如男、女生手拉手的游戏内容很难顺利实施。此阶段学生的运动感知觉得到发展，辨别左右方位的能力提高，动作的协调性得到很大的提升，但神经系统的兴奋与抑制还不均衡，仍然是以兴奋为主导，且兴奋容易扩散，不易控制，导致多余动作较多，运动技能学习多处于泛化阶段，动作定型较难实现。

此阶段学生认知越来越丰富，注意的稳定性明显提高，自我意识逐渐形成，产生的体验也比较稳定、持久，不会随着刺激或情境的改变而很快改变自己的情绪，因而情绪控制能力显著提高①。学生能够对自己的喜好独立作出判断，并逐渐把注意力分配到围绕同一任务而进行的选择上，一旦对体育课程内容产生兴趣，便有可能产生明确的学习动机，建立稳固的联系。此阶段随着学生抽象逻辑思维能力的逐渐发展和辩证思维能力的初步发展，学生的学习兴趣从不分化到逐渐产生对不同学科内容的初步分化兴趣，游戏因素在学生的学习兴趣上的作用逐渐降低，学生学习的自觉性得到提高，逐渐接受具有规则约束的体育课程内容。

小学高年级的学生能够意识到自己的学业、体育活动、课堂行为、同伴接纳和外貌吸引力方面都有可能或多或少地表现出“有能力”或“良好”②，在体育课堂上通常想表现得更加优秀。因此，课程设计者可以抓住学生这一特点，将具有韵律性、强调动作标准的运动技能作为课程内容，如广播体操、韵律操等；也可以设置一些具有规则约束、具有竞争性的内容，如两人一组或者多人一组的竞速。

① 季浏，汪晓赞．小学体育新课程教学法［M］．北京：高等教育出版社，2003：37.

② 珍妮·埃利斯·奥姆罗德．教育心理学［M］．龚少英，等译．北京：中国人民大学出版社，2011：63.

此阶段学生正处于神经系统生长发育关键期，可塑性强，给予运动干预有效刺激效果较明显①。相对而言，学生的心理发育滞后于身高、体重等生理发育，心理发育仍处在幼稚、单纯阶段，离不开教师的正确引导；学生开始出现各种良好品质，如集体主义、合作精神、规则意识、抗挫折能力等。此阶段学生的思维较为活跃，想象力也很丰富且不乏创造性的成分，因此，借助学生这一特点，调动学生开发体育课程内容的积极性和主动性很有必要，也很有效果。

3. 初中学生的心理发育特征

初中学生正值青春发育高峰期，第二性征表现明显，男、女生的性别意识更加强烈，表现欲也不再像小学阶段那样强烈。此阶段学生的神经机能得到较快地发展，兴奋过程仍多于抑制过程，而且兴奋与抑制之间的相互转化比较快，学生学习过程中正确动作与错误动作同在，但已经表现出动作技能学习的规律性，即动作的泛化、分化、巩固和提高的过程逐渐明显。此阶段学生认知与动作技能之间建立联系的过程逐渐脱离第一信号的刺激，第二信号系统逐渐占主导，思维形式以抽象逻辑思维为主，这些特征为学生比较系统、深刻地学习体育与健康知识与技能提供了物质前提②。

初中学生客观、主动观察事物的能力得到发展，能够运用抽象逻辑思维分辨动作技能的规范程度。此阶段学生的注意力能够较快地集中，且稳定性有所延长，能够在教师的引导下专注地学习运动

① 孔久春．体育锻炼方式对儿童注意力稳定性的影响［J］．中国学校卫生，2012，33（4）：485－486.

② 季浏，汪晓赞．初中体育与健康新课程教学法［M］．北京：高等教育出版社，2003：32.

知识与技能；学生动作技能的学习以有意记忆为主，对于亲身参与的并获得情绪体验的活动内容的记忆水平明显提高。初中学生的思维迅速发展，求知欲旺盛，想象力较为丰富，想象中创造成分不断增加，并且逐渐契合实际，变得更加理性，为主动参与开发体育课程内容资源提供智力支撑。

初中阶段，刚进入青春期的学生，经历着青春期生理和心理的变化，情感表达方面或许压抑，不能很好地敞开心扉与同伴交流沟通，同时青春期的巨大变化可能让初中生对自己充满迷惑，无法准确地把握自己到底想表露什么[①]。随着知识的丰富、技能的形成、兴趣的分化以及社会生活经验的不断增长，处于青春发育高峰期的初中学生开始对自己的需求、情感、能力、目标、价值观有了较为稳定的看法，逐步形成了自己的理想。因此，融合生活需要，掌握运动知识与技能的学习动机逐渐明确，此阶段体育课程内容的选择与设置需要紧密结合学生的体育需求。

4. 高中学生的心理发育特征

高中阶段的学生正处于青春后期，其心理的发展具有成熟与幼稚、独立与依赖、自觉与盲动诸多矛盾并存的特点[②]。一些学生有较高的体育兴趣却不敢在紧张的课业负担中大胆地发展兴趣，想参与体育活动却在乎别人“笑话”自己动作拙笨，喜欢体育活动却不喜欢有课堂常规约束的体育课，这些矛盾都与此阶段学生的心理发展

---

① 刘艳，邹泓，蒋索．青少年与同伴的自我表露及其与孤独感的关系［J］．心理科学，2010，33（1）：229－231.

② 李寿欣，宋广文．关于高中生认知方式的测验研究［J］．心理学报，1994，26（4）：378－384.

密切相关。

高中阶段学生心理方面的发展达到一个新的水平，形式运算思维成为基本的思维品质，社会道德感进一步加深，审美趣味进一步提高，情感的稳定性、丰富性等都有所增加，自我调控能力也有所提高。此阶段学生对事物的观察更加全面、深刻，较为精确，能透过表面现象把握事物的本质。学生能很好地控制自己的注意力，使注意力稳定和集中在未必有直接兴趣但有重要意义的学习任务上，能在比较复杂的教学活动中分配自己的注意力。意义识记已经占据主导地位，能自觉地按照一定的学习目的，分清主次，采取意义识记的方法领会和掌握教材的基本内容。学生的抽象思维已从经验型向理论型转化，能够逐步地摆脱具体形象和直接经验的限制，运用概念进行合乎逻辑的抽象思维活动；能利用一般原理去推理和解决问题。学生思维的独立性和批判性正趋于成熟，表现为善于独立地提出问题和发表见解①。

此阶段学生情绪情感的自我控制能力迅速提高，且精力充沛，对体育锻炼需求强烈，他们通常独立、自主地选择自己喜爱的运动项目和内容，但该群体的体育水平参差不齐，个体运动兴趣差异很大，单一的体育课程内容无法满足学生体育兴趣分化的需求。

高中学生的心智发展达到较高水平，思维独立、活跃，学习能力提高，教师引导学生通过体育课程系统掌握 1 ~ 2 项运动技能，并从中掌握运动技能学习的方法，能够收到“授人以渔”的良好效果。

---

① 曲宗湖．体育与心理潜能开发［M］．北京：人民体育出版社，2004：19－20.

（二）突破学生心理发展瓶颈期

中学生的心理发展过程中，成熟、冷静与幼稚、浮躁，多愁善感与冷漠无情，活泼外向与孤僻内向，自我表现与自我封闭，在他们身上并存。有学者把他们心理发展的一般特征概括为“四性”，即敏感性、社会性、动荡性、闭锁性。敏感性是指对人、对事具有较强的敏感性，思想活跃，易接受新事物、新信息。社会性是指对人生的意义、升学等社会问题越来越感兴趣，对很多事物都有自己独立的见解。动荡性是指情绪容易激动，对事物既积极热情又焦虑不安。闭锁性是指开始有自己的“小秘密”，不再轻易地表露自己的内心世界，有些内敛①。

心理学上通常将自我意识作为衡量心理发展的重要指标。自我意识从婴幼儿时期开始萌芽，直到青春期逐渐成熟，并主导青少年学生的心理发展。青少年时期是介于儿童与成人之间的过渡阶段，也是个体人格发展的关键期。此时，作为人格发展核心的自我意识得到了迅速发展，形成既不同于儿童又区别于成人的心理特点②。

伴随着人生的成长过程，儿童青少年会在自己的许多方面发生变化，如学业方面、社会性方面、外貌特征方面等，同时对自己的信念和感受同样会以其他方式发生变化。于是，自我意识方面出现了不同表现（表4－6）。小学生刚从父母的监护中开始接受有目标、有计划、系统实施的学校教育，独立意识欠缺，对父母、教师的依

① 冉乃彦，郑希冰，高雪梅，等．教育的衔接期［M］．合肥：安徽教育出版社，2008：97－99.

② 聂衍刚，张卫，彭以松，等．青少年自我意识的功能结构及测评的研究［J］．心理科学，2007，30（2）：411－414.

赖性强。自我意识还不太强，意志品质薄弱，自我调控能力较差，缺乏正确的自我认识，不能坚持用自己的观点处理问题，缺乏必要的自信心。但小学生倾向于以具体、容易观察到的特征和行为来思考自己，且不良情绪的排泄途径和方法较多，能够在家长和教师的引导下迅速排解各种心理问题。因此，在学前和小学阶段，多数学生的自我意识总体上是积极的。

表4－6　不同年级学生的自我意识表现

年级	不同年龄的典型特征
K～2	自我概念大都局限于具体的、易观察的特征 倾向于高估将来获得成功所需的能力和机会
3～5	逐渐意识到并能够区分特定的优点和缺点 将诸如骄傲和羞怯等情绪和各种自我概念相联系
6～8	自我概念逐渐抽象 对许多学生（尤其对女生）而言，升入中学后自尊水平会下降 对他人的想法非常敏感（假想观众） 过分相信自己是独特的，常伴有冒险行为，不易受一般危险的伤害等想法（个人神话）
9～12	继续冒险行为（尤其是男生） 自尊逐渐提升 逐渐将各种自我概念整合成整体的、多面的自我意识 寻求“真正的我”和成人同一性

资料来源：珍妮·埃利斯·奥姆罗德．教育心理学［M］．北京：中国人民大学出版社，2011.

注：K代表幼儿园。

初中生获得更多的抽象思维能力，他们逐渐会根据总体的、相对稳定的特质来思考自己，他们自我意识的发展随年级的增高而发展，不断出现一个符合学生实际的新水平，主要表现为以下方面：成人感初步确立，这是初中生自我意识发展的一个独特的新成分和典型特征；独立意向突出地发展，由于成人感的初步确立，心理上他们开始从依附的地位向独立的地位急剧转化；自尊心强烈（最爱面子）、敏感（特别关注）、稚嫩（经不起打击）是初中生显著的特点；性意识发展水平较低，正处于由对异性的排斥、反感到对异性的吸引、倾慕的转折期；初中生的社会化发展和思维发展促进了自我评价的迅速发展；已经具有一定的自我教育能力，开始认真并按自己的意愿规划、矫正自我①。但是，在此阶段，学生的自我概念和自尊水平经常下降，学校环境的变化也为学生的心理发展带来消极影响。

到了高中阶段，学生的自我评价能力随着其年龄的增长和心理的发展而不断提高，但在评价自己时还有诸多不足。有的学生只看到自身的长处，对自己的期望值过高，拼命追求超出本身能力的东西，一旦达不到自己所定的目标，需要未能满足时，就会有挫折感，觉得前景暗淡，从而降低了学习的积极性、主动性和创造性。有的学生只看到自己的不足，常表现为心灰意冷，对自己不抱什么希望，懒懒散散，混时度日。有的学生甚至根本不知道自己究竟有什么优缺点②。此外，高中阶段的孩子自尊心特别强烈，最怕别人看不起自己，他们力图在各个领域有较出色的表现，争取在集体中赢得适当

① 杨善堂，程功，符圣盛．初中学生自我意识发展特点的研究［J］．心理发展与教育，1990（1）：9－16.

② 王小新．高中学生心理问题的表现及原因探析［J］．教育探索，2002（7）：87－88.

的地位，得到好评和重视。他们会有较强的自信心和渴求独立的愿望，其独立思考能力大大提高，不轻易相信别人的意见，常持分析和批判态度，很反感家长把他们看成小孩子，甚至会产生逆反心理。但是，也不乏青春后期的青少年会从青春期和学校氛围渐少温暖的双重厄运中彻底恢复，享受积极的自我概念和全面心理健康，逐渐反思自己的个性和能力，并开始和自我感知中出现的不一致斗争[①]。

初中、高中阶段的学生，正处于个人发展的关键时期，也是心理发展的矛盾期。青春期学生心理上的成人感与半成熟现状、心理断乳与精神依赖、心理闭锁性与开放性、成就感与挫折感之间的矛盾[②]突出，致使学生的心理发展陷入瓶颈期。

中学时期是人生历程中身心发育最宝贵的阶段，同时由于面对繁重的学习压力和与日俱增的社会环境压力，也是最易产生心理冲突、造成情绪障碍的年龄阶段，学生的不良情绪如紧张、害怕、失意、信心不足等需要得到排解，而融健身、健心于一体的学校体育，为学生释放不良情绪提供了便利的通道。

学校体育对促进学生的心理健康有着积极的影响作用，能有效地调节学生身心矛盾，减轻学生心理压力，增进学生心理健康，提高学生心理素质。它在培养学生的主体意识、健康意识、主动探索与勇于实践的精神，以及充分发展个性等方面具有积极的意义[③]。并

---

① 珍妮·E. 奥姆罗德. 教育心理学 [M]. 龚少英，等译. 北京：中国人民大学出版社，2011：70－78.

② 梁魏，赵靖平，郑延平. 中学生心理卫生调查 [J]. 中国心理卫生杂志，1992，6（3）：100－102，108.

③ 兰自力，骆映. 学校体育对中小学生心理健康教育影响作用探讨 [J]. 体育与科学，2003，24（1）：72－74.

且要适当提高运动技术和技能的强度，向学生传授较高水平的技术技能和身体发展的基本原理，满足学生思维灵活、对知识渴望的心理特点，而且也为其从事更高层次的学习奠定基础①。因此，有必要根据中学生心理发展的敏感期特点，有针对性地设置体育课程内容，有助于增强个体的自信心，满足学生的运动兴趣，帮助学生发展心理品质。

体育锻炼可以提高青少年学生心理素质，经常参加运动的学生表现出比不常运动的学生较高的心理健康水平。不同运动项目对不同类型青少年学生心理健康的促进作用不同。特别是那些混合性的身体练习，在对抗激烈的项目中人体突然起动、急停，随机应变地迅速改变动作，兴奋—抑制快速地转换和精确地调节，有助于支配各种效应器和神经机能的改善，从而提高大脑皮质神经过程的强度、均衡性和灵活性。这就为预防心理障碍疾病奠定了物质基础②。每个学生心理发展水平不同，他们对体育的兴趣爱好也不同，根据学生兴趣爱好等特征制定的课程内容对学生的心理健康有促进作用③。在选择和设计体育课程内容时，应把中学生心理发展的阶段特点和运动项目的特点结合起来，最大限度解决体育课程内容的设置与学生心理需求之间的矛盾，尽量帮助学生树立良好的自我意识，引导学生的情绪情感向积极正面的方向发展，尽快走出心理发展瓶颈期。

---

① 李庶鸿．竞技运动的内涵及学校竞技运动教学模式的探讨［J］．体育与科学，2002，23（5）：10－12.

② 丁雪琴，高潮．体育运动与青少年心理健康的调查研究［J］．体育科学，1998，18（5）：83－86.

③ 曲毅．体育运动与青少年学生心理健康［J］．武汉体育学院学报，2003，37（1）：141－143.

第五章 体育课程内容衔接的实践动向

第一节 体育课程内容衔接的目标

体育课程的目标依据来源于学习者的需要、社会生活的需求以及体育学科的发展需要，建立在一定的事实和依据之上，密切联系着体育课程内容的开发向度和深度，决定着体育课程的改革方向和课程实施的成败。以满足体育课程内容衔接需求为方向的目标设计取向，至少包括体育课程目标的价值取向、目标内容的三维设置和目标层次的学段联系三个相互关联性的课题。

由于体育课程目标的依据来源于社会需求、学科需求、学生需求等多方面，体育课程目标定位于知识与技能、过程与方法、情感态度与价值观等多维度，目标内容也是由认知、情感、技能、价值观等多因素组成，不同阶段体育课程目标的侧重点也不相同。基于体育课程目标内容的多元性及其表现的复杂性，以体育课程内容衔接需求为导向的体育课程目标需要整合其内涵，为体育课程内容衔接提供有针对性的指南。

一、促进三方取向的整合

课程目标虽然由课程设计者制定，但课程目标的研制与实现绝不是纯主观的活动，而是对制约课程三因素（社会、知识和学生）的科学整合①，过于倚重或者严重偏离某一因素，都将无助于更好地实现课程目标。

我国体育课程目标的设计曾出现过于倚重某一因素的现象。20世纪五六十年代，我国引进了苏联主智主义教育理论，强调以“教材、教师、课堂”为中心，过于注重书本知识的传授，实质上忽略了学生对知识的接受、消化能力。在我国教育领域，很长一段时期由于受主智主义教育理论的影响，应试教育现象特别严重，出现重智轻体的倾向，学校体育没有得到应有的重视。并且，在学生的需求和社会发展的需要被忽视的情况下，体育课程也只是站在本学科生物属性的角度，以增强人体的生理机能为主要目标，设置以竞技成分为主的内容。由于体育课程的竞技内容过于繁、难、偏、旧，多与社会发展需要格格不入，再加上运动技能培养过程中忽视了学生的运动兴趣培养，出现学生“喜欢体育却不喜欢体育课”的现象，最终致使增强学生体能、体质的课程目标不能得以实现。因此，过于强调学科知识、技能为主导，而忽略学生、社会发展需要的体育

① 刘启迪．课程目标：构成、研制与实现［J］．课程·教材·教法，2004，24（8）：24－29.

课程目标注定行不通。

在20世纪80年代末90年代初，一些地区和学校引入并实施“快乐体育思想”，试图运用成功教学法、愉快教学法，改变单调、呆板、乏味的传统教学方式，以激发起学生主动学习体育的动机，让学生享受运动的乐趣，提高学生学练积极性和主动性。“快乐体育思想”主张学生成为学习的主人，并注重学生的情绪体验，在一定程度上激发了学生学习体育的兴趣。但快乐体育教学的本质规定则需要学生既要具备必要的意志力和自我控制力，也需要学生在身体上与精神上的完备努力①，这与学校体育课程的目标规定是一致的。然而，一旦将体验快乐成为课程目标的主导因素，学生的畏难情绪、薄弱意志、懒惰心理便会盘踞课堂；当体育课程目标与任务过于追求快乐而逐渐超过体育课程根本规定——增强学生体质时，体育教学就会因为迁就学生的快乐要求而过度降低难度，体育课程对于大多数学生而言就缺少了应有的刺激和挑战，学生在体育课堂上承受的运动负荷势必减小，体育课程实施的效果就会大打折扣。因此，过于倚重学生需求的体育课程目标也是不太可行的。

传统体育课程内容较为繁、难、偏、旧，与社会生活严重脱离，不利于培养学生的终身体育意识和习惯。因此，新的体育课程必须把满足学生的现实生活需求和对学生未来生活的塑造作为体育课程与教学的根本目标②，以使体育课程观照学生的生活状态，融入学生的生活世界，让体育成为学生日常生活中必备的一种技能，真正培

① 孙辉．试论日本的快乐体育教学思想及在我国体育教学中的运用［J］．上海体育学院学报，1997（1）：17－22.

② 潘明．解读体育课程的生活回归［J］．体育与科学，2004（6）：79－81.

养起学生的终身体育意识和习惯。然而，在进行社会生活为导向的课程目标操作时，却出现误读课程目标，过度自由、随意开发课程内容的倾向，甚至为了培养学生的劳动观念，出现了“搬砖、砌墙”“插秧、除草”“扁担、南瓜”进课堂等与体育课程目标要求远不相符的课程内容和教学行为。可见，以学生社会生活为导向的课程目标容易引发课程内容开发的盲目和课程实施的混乱，若不加以整合，将无法实现体育课程的真正目标。

从以上情况可以看出，学习者的需要、社会生活的需求以及体育学科的发展需要共同决定着体育课程内容设置的取向（图5－1），倚重或者偏向任何一个因素，都不可能较好地实现课程目标。因此，在选择学校体育课程内容时，应尽可能实现学生的需要、社会的需要及学科自身需要的三方利益的趋衡，既不能过于强调体育学科的竞技性，而忽视学生和社会的需要，也不能单纯为迎合学生的兴趣，而违背体育自身的学科特点和规律，从而避免矫枉过正，失之偏颇[①]。从体育课程属性而言，育人是体育课程目标的基本规定[②]，体育课程内容衔接所确立的课程目标必然是以育人为导向，构建起与学生身心发展特征相符合的课程目标，其中必然包括学生身体发育的基本规律与特征、运动知识与技能的形成、体育学习的兴趣和认知的阶段发展与运动情感的形成、个人的社会化过程与个性养成等方面。

① 刘昕．我国学校体育课程目标的改革与重构、兼论《体育与健康课程标准》［J］．体育科技文献通报，2006，28（2）：1529－1532.

② 田国祥，张凯，赵菁，等．论体育课程目标选择的价值真理指向性［J］．北京体育大学学报，2011（11）：108－110，114.

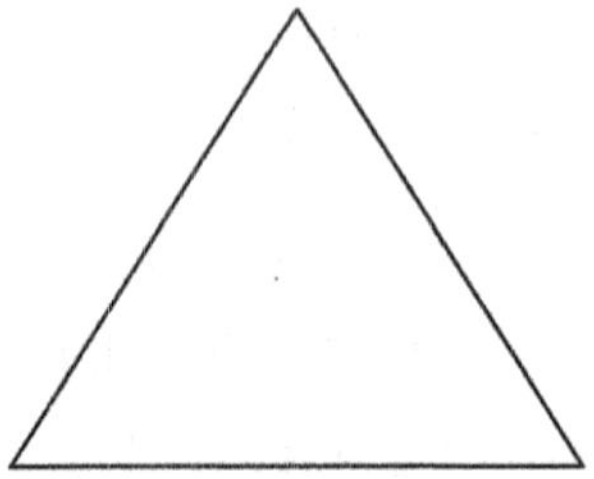

图5－1 不同课程内容取向的示意图

体育课程内容的衔接在明确课程目标设计的规定性基础上，仍要坚持学生、社会、知识三因素的整合，这一过程能够为体育课程内容衔接提供明确的方向和范围，并确保继续保持课程目标的本真，严防既定的体育课程目标（体育课程标准中规定的课程目标）在体育课程内容的选择和设计时发生异变。

二、提升三个维度的协同

如前所述，我国中小学体育课程目标主要由认知、技能、情感、应用四大部分组成，建立了以促进学生身体、心理和社会适应能力整体健康水平的提高为目标，技能、认知、情感、行为等有机结合的课程结构。通过实施体育课程，学生在这四个方面获得明显的发展，不但增强了体能，提升了运动知识和运动技能，还学会了锻炼身体的方法，形成运动爱好和专长，以及应用运动知识和技能，提高体育意识与素养，培养健康的生活方式。

长期以来，我国虽一直强调课程目标的这四个方面，但在教育教学实践中，所侧重的课程目标偏重于学生认知能力的发展，在一定程度上忽视了学生情感与技能以及应用能力的培养[①]。为此，2001年教育部印发的《基础教育课程改革纲要（试行）》特意规定基础教育课程改革的具体目标："改变课程过于注重知识传授的倾向，强调形成积极主动的学习态度，使获得基础知识与基本技能的过程同时成为学会学习和形成正确价值观的过程。"提出了构建课程三维目标的构想。

课程三维目标即"知识与技能""过程与方法""情感态度与价值观"，三维目标的提出改变了以往过于注重知识传授的倾向，强调形成积极主动的学习态度，使获得知识的过程成为学生学会学习和形成正确价值观的过程[②]。以三维目标为导向，中小学体育课程设置了运动参与、运动技能、身体健康、心理健康与社会适应五个方面（或四个方面）的目标体系，不仅注重体育知识与技能的传授，也注重学生在体育课程中的情感、意志、合作、交往等方面的表现，努力促使学生在掌握运动知识和技能及健康知识与方法的同时，形成良好的心理品质和社会行为。

运动参与、运动技能、身体健康、心理健康与社会适应五个方面（或四个方面）是一个相互联系的整体，共同统一于课程的知识与技能、方法与过程、情感态度与价值观三维目标之中。而对于学生学习程度而言，课程目标的三个维度分别对应着三个方向（图5－2），知识与技能对应着学生的"学会"，方法与过程对应着学生

---

① 靳玉乐，张家军．国外基础教育课程目标的特点及其启示［J］．外国教育研究，2000，27（4）：28－34.

② 魏宏聚．新课程三维目标表述方式商榷、依据布鲁姆目标分类学的概念分析［J］．教育科学研究，2010（4）：10－12，16.

的“会学”，情感态度与价值观对应着学生的“会用”，这三个方向可以是并列关系，也可以是依次递进的关系。“学会”强调掌握知识与技能；“会学”强调学习的方法；“会用”则建立在学会和会学的基础上，形成正确的体育态度和行为。

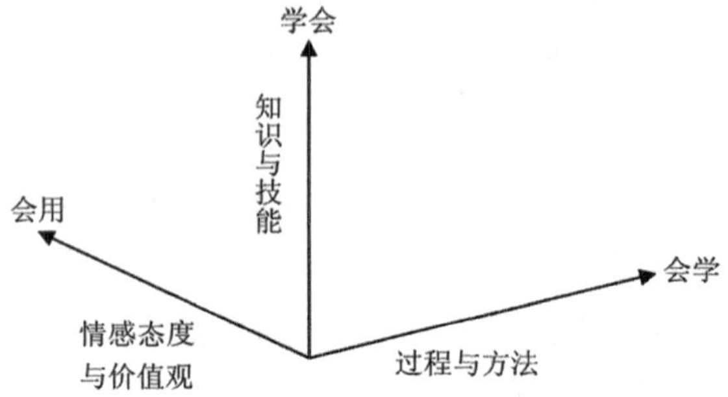

图 5-2　体育课程的三维目标架构

知识与技能是课程目标的一维，也属于第一层面的目标，它是三维目标中的主线，贯穿于学科教学的始终[①]，它需要通过课程实施的方式使学生“学会”体育的基本知识、基本技术、基本技能，为掌握运动方法和获得运动能力奠定基础和前提。

过程与方法同属目标的第二维度，也可以看作是第二层面的目标，它是运动知识升华、运动技能提升的阶段，但它并不是独立于“知识与技能”“情感态度与价值观”的，而是形成一定的知识技能、价值观的有目标、有参照的过程与方法[②]，它较为注重学生掌握运动方法，将“学会”运动知识与技能升格为“会学”，强调自觉

① 杨钦芬．新课程三维目标的解读与整合策略［J］．教育学术月刊，2008（7）：16－18.

② 柳谦．反思教育民主［J］．教育学报，2010，6（4）：29－35.

参与运动过程，在参与的过程中不仅能增强体能，还能体验到运动的乐趣。

情感态度与价值观为课程目标的第三个维度，它是在学生“学会”“会学”运动知识与技能的基础上，发展良好的心理品质，形成一定的情感态度和价值观，并“会用”运动知识与技能，发展合作与交往能力，提高健康意识，养成良好的体育习惯，形成健康的生活方式，最终使体育成为生活中的一部分。三维课程目标是有机整体，不容割裂。“游离”于知识、技能之外的过程、方法，为活动而活动，这种活动既不利于知识、技能的掌握，又无助于学生思维能力的发展，是没有价值的，因而是低效或无效的。“贴标签”的情感、态度、价值观，脱离教学内容和特定情境，孤立地、机械生硬地进行情感、态度、价值观教育，这种教育是空洞的、无力的，因而也是低效甚至无效的。只关注知识授受和技能训练的现象依然存在，这种教学在强化知识、技能的同时，冷落、忽视了过程、方法与情感、态度和价值观，从而从根本上阻碍了学生的发展①。

课程目标的三维具有内在的关联性，在教学实践中，我们很难把三个层面的目标割裂开来。在传授知识和培养能力当中，总是包含着一定的情感态度与价值观。脱离一定知识而形成能力和脱离一定能力而获得知识，都是不可思议的②。三维课程目标统一于人的发展。在教学实践中，要把学生当作完整的人来对待，只有在人的个性的完整性层面，才能准确把握三维目标的统一性和内在一致性③。

---

① 余文森．课堂教学有效性的探索［J］．教育评论，2006（6）：46－48.

② 白月桥．课程标准实验稿课程目标订定的探讨［J］．课程·教材·教法，2004（9）：3－10.

③ 杨九俊．新课程三维目标：理解与落实［J］．教育研究，2008（9）：40－46.

具有衔接需要的体育课程三维目标是一个整体，各个学段的课程目标都从运动参与、运动技能、身体健康、心理健康与社会适应五个方面（或四个方面）加固三维目标的整体性。其中，以运动知识与技能的掌握为起点，提升运动过程、方法、情感、态度、价值观的层次和水平；以运动知识与技能为主线，融合各个学段的课程目标维度，真正让学生自觉、自愿、主动地通过体育课程的学习到达“学会”“会学”“会用”运动知识与技能的目的，从而收获更为充实的情感体验，培养良好的体育态度和习惯，建立健康、科学、文明的生活方式。

三、加强三个学段的联系

小学、初中、高中三个学段相互独立，它们面对的教学对象不同，小学阶段的学生六年一个轮次，初中、高中阶段的学生则三年一个轮次，所谓“年年岁岁花相似，岁岁年年人不同”，就说明了每个学段的教学对象是流动的，而学生伴随着个人年龄的增长、身心的发展、知识经验的丰富，在这种流动的状态中，从一个学段过渡到另一个学段，这种过渡一般是从低学段向高学段的递增过渡，即后一个学段的目标和任务是在前一个学段的目标和任务完成的基础上展开的。每个学段需要保证递增过渡的发生才算是遵从了学生的身心发展规律，才能完成育人的任务。为了保证学生由低学段向高学段的平稳流动，每个学段都要承担与本学段相应的育人目标和任务。

新课程标准下的体育与健康教学相当强调各个学段承担的课程与教学任务，为每个学段的学习规定了明确的目标。以“运动技能方面”为例，它强调在小学阶段，要注重体育游戏学习，发展学生的基本运动能力；初中阶段要求注重不同项目运动技术的学习和应用，鼓励学生参加多种形式的比赛，逐步增强学生的体育与健康学习能力、安全从事运动的能力，加深对体育运动的理解；高中阶段要求认识多种运动项目的价值，关注国内外的重大体育赛事，提高运动技能的水平，增强运动技能的运用能力，掌握运动创伤时和紧急情况下的简易处理方法。每个学段运动技能学习的目标是明确的，可以看出小学阶段以发展学生基本运动能力为主要目标，初中阶段以学生掌握并运用基本运动技术为主要目标，高中阶段以提高学生的运动技能水平为主要目标，三个学段分工明确，各有侧重，使学生从小学到高中成长的过程中，依次达到各个学段的目标。虽然这种目标是预设的、相对独立的，可能会因为某一学段学生的学习能力不足或者学校的教学条件欠缺等因素的制约而无法较好地实现，但还是能够看出它最终目的是实现学生知识与能力从低学段向高学段的递增。

每个学段都有自己的目标和任务，它们既相对独立、互相区别，又相互联系，不可超越或颠倒，往往也表现出学段之间的层次递进关系。小学阶段培养学生的基本运动能力，注重的是学生运动基础的培养，它是从“零”开始培养学生的运动知识与能力，此阶段的课程内容不仅仅为了“玩”，而是要让学生在玩乐中体验、感受运动的乐趣，在此基础上掌握基本身体活动方法和运动技术。小学阶段学生具备了基本的运动技能并进入下一个学段——初中阶段时，便能顺利地开展运动项目各种动作组合的练习，同时也为进入高中学段学习专项运动技能奠定基础。因此，从学生运动知识与技能的发展来看，高学段的目标与任务是在低学段目标与任务的基础上逐渐发展、提高的，每个学段都是紧密联系的、不可逾越的。

体育课程内容衔接最有必要树立学段意识，明了低学段向高学段递进过程中，前后学段依次顺承、递进的关系，努力使课程内容的设置具有阶段性特征，具有明确的针对性；同时，也要树立全局意识、整体意识，注意到学段之间的相互联系，为学生的可持续发展构建一个连续的、完整的大环境。

第二节　体育课程内容的来源

运动项目由特定的运动技术组合而成，是身体练习的高级表现形态，也是体育课程内容的主要组成部分。当前，竞技运动项目、新兴运动项目和民族民间传统体育活动项目构成我国中小学体育课程内容的主体。

一、竞技运动项目的改造

现代竞技运动项目是公认的，具有竞赛规则并经常在全国、洲际、国际范围内举行正式比赛的运动项目。现代竞技运动项目数量很多，仅被列为夏季奥运会的竞赛项目就达 26 个大项（以 2012 年伦敦奥运会项目为例）。这 26 项为田径、赛艇、羽毛球、篮球、排球、足球、拳击、皮划艇、自行车、击剑、体操、举重、手球、曲棍球、柔道、摔跤、水上项目、现代五项、马术、跆拳道、网球、乒乓球、射击、射箭、铁人三项、帆船帆板。在每个大项中，还包括很多小项目，如田径包括男子和女子项目，其中男子项目就包括

100米跑、200米跑、400米跑、800米跑、1500米跑、5000米跑、10000米跑、马拉松、3000米障碍跑、110米跨栏跑、400米跨栏跑、跳高、撑竿跳高、跳远、三级跳远、铅球、铁饼、链球、标枪、十项全能、20公里竞走、50公里竞走、4×100米接力跑、4×400米接力跑，达24项；女子项目包括100米跑、200米跑、400米跑、800米跑、1500米跑、5000米跑、10000米跑、马拉松、100米跨栏跑、400米跨栏跑、跳高、撑竿跳高、跳远、三级跳远、铅球、铁饼、链球、标枪、七项全能、20公里竞走、4×100米接力跑、4×400米接力、3000米障碍，达23项。这些项目各以其不同的竞赛规则、独有的竞技特色吸引着广大的竞技选手和更多的观众。

竞技运动项目以其运动方法的独特性、求胜争先的必然性、胜负评价标准的统一性以及竞赛组织的公平性[①]为自在逻辑，将规则性、竞争性、挑战性、娱乐性和结果的不确定性渗透于身体活动的全过程，在强身健体、健全人格和体育精神培养等方面发挥着独特作用，并与学校体育的育人目标保持着高度一致。此外，青少年需要的是体现其鲜明个性，激发其参与欲望，并能有效地促进他们身心和谐发展的体育项目，生龙活虎的竞技运动项目就是为他们量身打造的[②]。体育课选用和引进的竞技运动项目，能够向学生普及竞技运动基本知识，包括项目特点、运动方法、竞赛规则、欣赏比赛等；能够作为教育手段，发展学生个性，完善学生人格；能够发展部分

① 李杰凯，庞珊娜，刘建．竞技运动项目的自在逻辑与体育精神培养［J］．沈阳体育学院学报，2014，33（6）：1－6.

② 任海．“竞技运动”还是“精英运动”？——对我国“竞技运动”概念的质疑［J］．南京体育学院学报（社会科学版），2011，25（6）：1－6.

学生的运动特长[①]。因此，竞技运动项目得以进入学校，并成为体育课程内容的主要组成部分。

竞技运动项目是体育课程内容的主要素材[②]，但是，竞技运动项目所具有的严格的竞赛规则和较高的技术性要求，提高了参与的“门槛”，很多运动能力较差的学生不能很好地掌握运动技术要领，更不能表现出较高的竞技水平。如果不顾及学生身心发展水平和学习能力，把竞技运动项目生搬硬套作为体育课程内容，势必会引发竞技运动项目发展的规律与体育课程内容选择之间的矛盾，出现两种必然结局，要么放弃对高水平竞技能力的追求，降低规则、难度要求，“削足适履”，做到竞技运动项目教材化；要么体育课程内容进入竞技模式，加强对学生的生物学训练，最大限度地挖掘学生的体能与技能等方面潜力，使课程内容竞技化。

将竞技体育项目作为学校体育课程内容的重要资源加以开发的思想，是学术界和广大体育教师在长期实践中逐步形成的共识[③]。我国学者建议在有利于完善学生身体和增强学生体质的前提下，推行竞技运动项目教材化，实现运动项目的负荷轻松化、难度的简单化、形式的娱乐化、运动行为的加强化、活动过程的文明化[④]。根据学生的不同需求改变竞技成分，把竞技作为一种载体，通过弱化竞技运

---

① 孟刚．竞技运动教材化：现代体育与健康课程的基本理念［J］．体育学刊，2002，9（5）：8－10.

② 杨文轩，陈琦．略论体育课程内容的发展趋势［J］．中国学校体育，1995（4）：65－66.

③ 王继帅，樊炳有．中小学体育课程改革相关研究及评价［J］．体育学刊，2009（1）：58－62.

④ 李杰凯．论“轻体育”与竞技运动项目“软式化”发展趋势［J］．沈阳体育学院学报，1998（4）：1－5.

动的竞争性、挑战性、极端性、体能极限性、个人特长性、技艺高超性、功利性、商业性等特征而使其成为一般人群强身健体、愉悦身心的一种手段，引进到体育课程中来①。以让所有的学生有兴趣、有能力参加体育活动，从小学一年级开始从事自己喜爱的运动，通过人的天生“好胜”与竞技运动的“竞争性”相结合，使其不断追求某项运动的更高层次，直至成为其终身选择和终身受益的运动项目②。这是竞技运动项目教材化适应学生身心发展需求的体现，也是在各级学校体育课程内容中普遍设置竞技运动项目的初衷。

二、新兴运动项目的引入

新兴体育运动大约兴起于20世纪70年代，在二三十年内得到快速发展。由于现代体育运动是以奥林匹克项目为代表的竞技体育向高技术、高难度、高水平、高商业化方向发展，体育运动竞争更加激烈，规则更加严格，场地器材更加高档，一些运动便成为少数优秀运动员才能参加的体育项目。现代体育的高水平化发展，导致了体育运动成为广大民众只能观赏而难以参与的局面。但是，随着社会的发展，群众体育逐渐开始蓬勃发展起来，那些充满乐趣、不需要很高级的器材、不需要太大场地和费用、不需要很高技巧和很长时间训练的运动项目应运而生，很快受到广大民众和青少年的青睐，而且越来越盛行，发

① 孟刚．竞技运动教材化：现代体育与健康课程的基本理念［J］．体育学刊，2002，9（5）：8－10.

② 张建宁，王雪．我国学校体育教材内容改革初探：竞技运动项目教材化的改造分析［J］．体育与科学，2000（3）：55－57.

展成一道新的体育风景线——新兴体育运动[①]。

新兴体育运动是时尚运动的象征，新兴运动项目多是由竞技运动项目改编而成的，充满冒险性、趣味性、挑战性，与竞技运动项目相比，少了很多功利性。它倡导回归自然、融入自然、享受生活，使人们拥有与自然共存的能力，体现了促进人的全面发展、增进健康和提高生活品质的新理念。目前，较为典型的新兴运动项目主要包括以下几种：高地项目，包括滑雪（越野滑雪、高山滑雪、跳台滑雪、自由式滑雪、雪橇等）、溪降、高山速降、自行车攀爬、攀冰、攀岩等；水上项目，包括漂流、花样滑水、水上摩托、皮划艇（激流皮划艇、障碍回旋、皮划艇马拉松、探险漂流等）、潜水等；空中项目，包括蹦极、滑翔伞、高空弹射、花样跳伞等；平地项目，包括定向运动、卡丁车、滑轮（速度轮滑、花样轮滑）、自行车越野[②]。

课程标准提倡把那些“在国际上比较流行的，但在我国开展不久的或国内新创的深受青少年喜爱并适合在学校开展的运动项目”作为体育课程内容资源的组成部分，并根据本地、本校的实际情况在教学中适当选用。因此，许多新兴的体育运动项目迅速走入校园，如攀岩、跑酷、定向运动、时尚轮滑、动感单车、独轮车、软式排球、软式垒球、短式网球、高尔夫球、街舞、踢踏舞、排舞、啦啦操、拓展训练等。这些引领时尚潮流的新兴运动项目进入体育课堂，不仅丰富了体育课程内容，还大大提高了体育课程内容的时代性，

---

① 谢正义. 初中体育与健康新课程教学法［M］. 长春：东北师范大学出版社，2005：277.

② 赵长军. 论竞技运动项目新的分类体系及历史根源［J］. 体育成人教育学刊，2005，21（5）：47－48.

使体育课程内容更加贴近学生的实际生活，关照学生的生活经验，引领学生接触比较时尚的运动文化，从而提高学生的运动兴趣，增强体育课程内容在学生终身体育习惯培养过程中的实用性。

【案例】[①] 极限飞盘运动是一项紧张激烈、无身体接触的团队比赛项目，在全国各地有着几十万的玩家。随着新课改的深入发展，笔者尝试将极限飞盘运动引入到小学高年段学校体育课程中。

我校开展极限飞盘运动项目有一年时间，主要在高年段，我所任教的五年级开展较好，首先，学生们兴趣浓厚，愿意积极参与尝试极限飞盘，在参与的过程中，不断学习技术，水平不断得到提高，在一次次成功的传接得分中获得成就感。其次，男生开展情况要好于女生，男生身体素质好、学习新事物较快，女生则有些胆小害羞。在一年的学习过程中，同学们进步明显，大部分同学可以完成中远距离传接，中远距离跑动传接，跑动中两人传接，三人四人战术跑动传接等。同时学校还积极开展飞盘掷远比赛、掷准比赛、两人传接耐力赛、班级对抗赛，等等，学生的热情被进一步激发，班级的凝聚力得到加强，学生们在比赛中挥洒汗水和激情。

（作者单位：南京市孝陵卫初级中学）

将新兴运动项目引入体育课程需要考虑本地、本校的实际和学生的兴趣爱好，把学生的时尚追求和身体锻炼需求结合起来。首先要根据学校的实际特点，结合本地的自然地理和风土人情，把学生感兴趣的新兴体育活动纳入课程内容之中，如野外生存，沙滩排球

---

① 顾迎迎．极限飞盘运动项目在我校的开展［J］．体育教学，2014，34（11）：69.

等；其次要根据学生的不同需求和个体差异、年龄特点和兴趣爱好，选择贴近学生生活的新兴体育运动项目，同时注意把学生的时尚追求转变成健康向上、参与性强、适合有益的课程内容，如健美操、现代舞等①。引进新兴运动项目不能盲目，不能为了求新鲜、赶时髦一哄而上，必须正确判断新兴运动项目是否具有健身性质，与身体练习无关的内容如电子竞技、多米诺骨牌、棋牌等，虽然被很多学生追捧，但它不需要使身体承受一定的运动负荷，这与体育课程通过身体练习，增强学生体质的性质不太相符，因此在进行体育课程内容选择时务必谨慎。

三、民族民间传统体育项目的挖掘

民族民间传统体育项目是我国不同民族、不同社群的民众在历史的长河中自主创造和传承着的体育文化活动。它具有独特性（具有特定的价值观、生存形态以及变化品格）、活态性（在与自然、现实、历史的互动中，不断生发、变异和创新）、地域性（不同的民族、社群所依存的地理环境、文化资源、社会习俗不同，由此创造了不同地域特征的项目）等特征。有学者对适宜在学校开展的民族民间传统体育项目进行了梳理（表5－1）。

① 昌君，顾渊彦．对新兴体育运动教材化的思考［J］．体育师友，2007（6）：32－33.

表5－1　适宜在学校中开展的民族民间传统体育项目一览表

类别	民族民间传统体育项目
嬉戏娱乐类	民族项目：藏族打陀螺、打毛蛋、打蚂蚱、打雪仗、打锁儿、“俄多”、跳背过人、藏棋、和尚棋、藏牌卜合青；蒙古族踢熊头、击石球、踢牛嘎拉哈、打唠唠球、古鲍格棋、沙塔拉；回族打抛俩、打梭儿、洒蛋蛋、踩高跷；维吾尔族打嘎儿、空中转轮、达木卡棋、九子连、六子连；裕固族下方；土家族打漂漂、扔石头、打鸡毛球、挤油渣；朝鲜族荡秋千、跳板、摔跤；瑶族打泥脚、抛花包、打铜鼓、独木划水、播公；佤族鸡枞陀螺；彝族爬油竿、舞铃铛、跳花鼓；黎族跳竹竿；白族老虎护崽、跳马；赫哲族叉草球；乌孜别克族抢花帽；满族滚铁环、赶石弹、打瓦、拾锁、滑冰；布朗族传布朗球；纳西族东巴跳；怒族溜索、转秋；撒拉族单把游水、拔腰、挤方；东乡族三连击石、抱腰、七路方、围和尚；保安族踩水；锡伯族打冰猴；仫佬族母鸡护蛋、象步虎掌、耍草龙；布依族丢花包；仡佬族打毽子；壮族投绣球、打手毽、打扁担；苗族走竹竿、踢枕头；毛难族三棋、射棋、母子棋；土族拉棍、赶牛上山、走四方；柯尔克孜族二人秋千、“狼吃羊”；哈萨克族滑雪；京族舞花棍、跳竹竿；基诺族射泥弹、翻竹竿；鄂伦春族皮爬犁；侗族哆毽；阿昌族车秋 民间项目：跳皮筋、纸飞机、溜旱冰、打沙包、放风筝、“拍纸片”、斗鸡、老鹰抓小鸡、挤暖暖、翻油饼、呼啦圈、独轮车、滑板车、甩飞盘、蹦蹦球等

续表

类别	民族民间传统体育项目
竞赛表演类	民族项目：藏族押架、北嘎、抱石头、古朵；回族打毛蛋、打铆球、木球、教门弹腿、穆林十八肘、八极拳、心意六合拳、查拳、通背拳；满族珍珠球、双飞赛跑；蒙古族打布鲁、搏克；维吾尔族“击木”、切里西、叼羊；达斡尔族摔跤、“波依阔”、劲力比赛；黎族打狗上坡、拉乌龟、跳竹竿、穿藤圈；景颇族扭杠、顶杠比赛；苗族穿针赛、穿花衣裙赛跑、芦笙技巧、“栗娜”、舞吉保；彝族射弩、芦笙拳；土族蹬棍；侗族抢花炮；土家族打飞棒、土拳；拉祜族踢架；保安族甩抛尕、保安刀术；彝族蹲斗、“格”；锡伯族射箭比赛；羌族推杆比赛；怒族跳竹；高山族投背篓球；哈尼族“抵肩”；柯尔克孜族射元宝；畲族打“尺寸”、八井拳；壮族群龙争珠、风车秋、壮拳；傣族孔雀拳、傣拳；德昂族左拳；瑶族打飞靶、打陀螺；仡佬族打蔑鸡蛋 民间项目：“骑马打仗”、打垒球、丢锅等
节庆习俗类	藏族“望果节”转地头、射“碧秀”、“插箭节”登高，藏历年射箭、拔河；土族“纳顿节”轮子秋、武术、射箭、“六月六”赶猪、打岗、打响鞭；达斡尔族喜庆丰收“波依阔”、射箭、射击；壮族喜庆节日跳灯；蒙古族“那达幕”；苗族“龙船节”划龙舟、“赶坡会”爬坡杆、“赶秋节”八人秋；瑶族“游泳节”游泳；塔塔尔族“撒班节”摔跤、拔河、赛跑跳；傈僳族“刀杆节”上刀山；东乡族“花儿会”摔跤、拔河、射击；保安族“花儿会”保安刀、抱腰；裕固族“祭鄂博”登高；哈萨克族“纳吾鲁孜节”躺倒拔河、摔跤

资料来源：孟峰年，钟全宏，陈青．民族、民间传统体育资源的开发与引入学校体育的对策研究［J］．首都体育学院学报，2006，18（1）：38－39．

民族民间传统体育项目种类繁多，据1990年出版的《中华民族传统体育志》中记载，我国民族传统体育项目多达977项，其中55个少数民族拥有676项，汉族拥有301项。民族民间传统体育项目因其规则简单、技术易掌握、文化特色鲜明，以及具有群众性、健身性、娱乐性、趣味性等特点而更加“接地气”，并成为全民健身活动不可或缺的内容。

我国学者把学校看作是传承发展民族民间体育的中介[①]，认为把一些本民族的优秀传统体育文化作为学校教育的重要内容引入学校教育之中，能够使我国的民族民间传统体育文化更加完整、有序地得到传承[②]。为此，新一轮体育课程改革非常重视民族民间传统体育活动项目的开发和利用，特别强调无论是在小学阶段还是在初中、高中阶段，都要重视选择武术等民族民间传统体育活动项目进行学习，“各地、各校可根据实际情况选用武术、舞狮、舞龙、踢毽子、抖空竹、竹竿舞、蒙古式摔跤、抢花炮、荡秋千、重阳节登高等民族民间传统体育活动来补充和丰富体育与健康教学内容”[③]。

将富有地方特色的民族民间传统体育活动项目引入到中小学校园，不但有助于民族民间传统体育文化的传承与发展，而且可以丰富体育课程内容，促进体育课程内容的多样性与灵活性。很多学校挖掘、整理和改编民族民间传统体育项目，赋予其新时期的健身、

① 李荣芝，虞重干．体育全球化与中国民族传统体育传承研究［J］．体育文化导刊，2007（4）：84－86，83.

② 肖宁．论我国民族传统体育文化的传承机制［J］．山东体育学院学报，2008，24（2）：32－35.

③ 中华人民共和国教育部．义务教育体育与健康课程标准（2011年版）［M］．北京：北京师范大学出版社，2012：6.

教育、娱乐等功能，将其引入学校，走进教材，打造出具有校园文化特色的体育活动，如湖北宜昌五峰土家族自治县湾潭民族中小学就把高脚竞速作为学校的教学内容，并摸索了专门的教学方式；在甘南州，很多中小学用锅庄舞代替了课间操，很多孩子都会跳锅庄舞[①]。

【案例】[②] 锅庄，在藏语中叫“卓”，是典型的自娱性群舞，几人到几十人不等，人数多时可达二三百人甚至千余人。舞者互相牵手，可男女分别各排成弧形或圆形，也可男女混合活动，一曲一舞，先慢后快，或由慢到快又以慢板结束。舞与歌（或舞曲伴奏）的节奏紧密配合，舞者伴和着歌曲做“甩手颤踏步”沿圈走动。当歌词（或伴奏曲）告一段落后，众人一齐哑的一声呼叫，并随着歌曲的明快节奏，顿时加快动作速度，撇开双臂侧身拧腰大步跳起，跳跃起来男性多以踏步为节，女性以擦步为节，蹲、踏、顿、擦步相互交替。这种舞蹈顿控感强，上身动作犹如刀斧劈物般有力；蹲踩步时双手胸前交叉拉开，又有拨开蔓枝寻找食物的直观感觉；蹲踏步时两手胸前交叉拉开，形象栩栩如生，最典型的是蹲步和射箭步，有似张弓瞄准猎物之感，模拟狩猎的动作很突出。舞者躯干微躬脚下踏地为节，“虎视眈眈”做射箭状，形象十分逼真。这种顿挫风格的舞蹈是林区特色的舞式舞种。而牧区锅庄也是拉手成圈，慢拍中走动，多段（或数段）之后顿为节爆发舞蹈：快板部分节奏紧促，从

① 孙永梅，王全军．民族传统体育融入学校教育的必要性与可行性［J］．体育学刊，2012，19（1）：86－89.

② 胡卓生，谢智学．藏族中小学体育课程资源的开发与利用［J］．体育学刊，2004，11（1）：108－110.

慢到快，情绪十分热烈。舞蹈急促，人群中不时发出呃嘿嘿的呼叫声，其典型动作有“胸前双绕手”（模拟挽羊毛）脚下踏步跳跃，“前顿步接左右翻身”“跪拜跳”“擦步跳”“大搓步”“舞袖花”等，不断变化组合成令人眼花缭乱的动作。男女动作一样，但男性有翻身与跳跃性的动作，宣泄奔放而急促，幅度较大，伸展双臂犹如雄鹰盘旋奋飞；女性动作幅度较小，点步转圈，犹如凤凰摇翅轻舞，具有健美、明快、活泼等特点。步点有悠步、拖步、踏步、跺步、点步等，还有因此派生的腰步；手势有拉手、甩手、挥手、抽手、挥手等。

锅庄舞气势磅礴，技巧性强。舞蹈动作带有强烈的劳动气息。舞蹈先是慢拍，边唱边舞，同时向圆心做“双脚跳进，单脚后撤”的步法，绕圆前进；并在每遍曲调的间歇中，一起高呼“基斯阿拉”“尼斯阿拉”“松斯阿拉”的衬词（基、尼、松，藏语意为：一、二、三），劳动呼号以增强气势，协调动作。快拍时，边喊着“去，去，去，去”，边做“躺身跃进”的高难技巧快步前进，非常精彩，突出地表现了起伏较大的“一顺边”之美。

各种锅庄舞蹈共同的规律和特点是：依然以屈伸为主要动作，节奏明快，铿锵有力，音调缓慢。由慢开始，逐渐加快，表现出热情奔放，欢快有力，有连续，有停顿；上身动作以胸前绕手，体后仰，以臂屈肘上举摆动为主，躯干、上肢随步而动，动作幅度大，上下挥动着双袖，激荡有力；脚步以点、抬、跳、跺、跨、踏、擦等动作为主，具有整体运动感，表现出藏族舞蹈中憨厚、深沉的特征。

藏族舞蹈的基本特点是：双膝连续不断富有弹性地颤动屈伸，并带动松弛的上体，上体不能主动。躯干微前倾，身体的交叉感以及所有的动作和流动过程中髋关节都随着重心的下降，形成其沉缓、凝重的形体语言特点。

从以上动作特点可看出，藏族舞蹈形式自由活泼、活动场所不限、人数不拘，集音乐节奏、形体动作、内心感受于一体，成为广大学生获得身心健康的良好手段。特别是在保持良好的心理情境、和谐的人际关系等方面有很好的作用。另外，能使学生全身各个部位得到锻炼，因此在藏区中小学具有极高的推广价值。

尽管民族民间传统体育项目繁多，但作为课程内容进入学校体育，首先应注意项目的选择。选取的内容应当适合学生的年龄特点，能满足学生的兴趣和爱好。既要考虑它的健康性、实用性和可操作性，还要考虑项目的适宜地域、季节和本校的实际情况，要因地、因时、因人而宜地选择。其次要有针对性和目的性。在开发和利用体育课程资源时要更新课程的基本理念，根据“身体、心理、社会适应”的整体健康观，有针对性地进行选择。既要考虑到项目的使用范围和教育对象，又要考虑到该项目运动负荷的大小；既要考虑到近期效应（兴趣），更要注重长期效应（终身）①。因此，作为体育课程内容的民族民间传统体育活动项目更加强调内容的文化性（一种积极、健康、向上的文化活动，而不是低级趣味、封建迷信活动）、活动形式的安全性（利用自然资源开展的项目需要防范安全事故发生）、教学的规范性（符合体育教学身心活动的要求，具有明显的健身效果），一些文化价值不突出、不符合教学规范要求、身体锻

① 孟峰年，钟全宏，陈青．民族、民间传统体育资源的开发与引入学校体育的对策研究［J］．首都体育学院学报，2006，18（1）：38－39.

炼效果不佳或未经过改编的纯生活内容不宜作为体育课程内容。

综上所述，现代竞技运动项目、新兴运动项目和民族民间传统体育活动项目是当前中小学体育课程内容的主要组成部分。但这些项目数量庞大，种类繁多，参差不齐，并不完全适合中小学校体育课程与教学。在进行体育课程内容资源的开发和利用时，需要遵循目的性、科学性、可行性、层次性、趣味性和文化性等原则，从数量繁多的运动项目中科学地选出那些有助于身体练习且具有一定运动技艺性的项目，并根据学校和学生的实际，适当地加工、处理某些运动项目，使之具备体育课程内容的特点，顺应学生身心发展的需要。

第三节　体育课程内容的优化法则

中小学体育课程内容的改造是根据不同学段体育课程目标的重点和学生身心发展的特点，对体育课程内容资源进行必要的改编、加工、提炼、升华，使之更好地适应学段体育课程内容衔接的要求。它从不同学段体育课程目标的设置和学生身心发展的需要出发，将竞技运动项目、新兴运动项目和民族民间传统体育活动项目等体育课程内容资源转化为有助于各个学段教学需要的体育课程内容。这一过程对体育课程内容资源进行去粗取精、去伪存真的筛选，旨在实现“囊括式”选择课程内容向“精选式”选择课程内容的转变①，

① 钟启泉．开发新时代的学校课程：关于我国课程改革政策与策略的若干思考［J］．全球教育展望，2001（1）：14－20，54.

这一加工改造体育课程内容资源的过程也可以叫作体育课程内容资源的教材化。

课程内容“繁、难、偏、旧”和低水平重复现象在不同历史时期、不同学段、不同学科以或隐或显的形式反复出现，它已经超越具体学科与国界而成为世界性的课程难题①。体育课程内容同样无法摆脱这一难题的困扰。运动知识与技能并不完全按照严格的逻辑程序进行排列，“哪些内容先学，哪些内容后学”并没有严格的规定，处于并联状态的运动知识与技能适用于不同学段、不同学生，也会带来不同的反应，如高中学生可以在标准的篮球场地使用相对标准的动作进行投篮、运球练习，而这些内容相对于小学低年级阶段的学生，却显得要求严格，难度过高。体育课程内容的“繁、难、偏、旧”和低水平重复现象是一个阶段性的问题，也是一个相对性的问题，但在进行体育课程内容衔接时，必须考虑不同学段学生认知规律和身心发展特征，设置与之相适应的体育课程内容。因此，有必要采用删繁、降难、除旧、纠偏和减重等方式，推动体育课程内容资源的优化，使学段体育课程内容与该学段学生的体育健身需求、身心发展规律以及学生体育知识与技能的学练实际、学生之间的差异性相适应，进而有效地促进体育课程内容的学段衔接。

一、删　繁

体育课程内容的“繁”有三种表现。第一种表现为运动项目的

① 张恩德. 基础教育课程内容“难、繁、偏、旧”的产生与规避［J］. 课程·教材·教法，2014，34（9）：9－14.

繁多。体育课程内容的繁多主要缘起于课程内容资源太丰富。从体育课程内容的源头来看，现代竞技运动项目、新兴运动项目和民族民间传统体育活动项目数量庞大，种类繁多，所有运动项目基本上稍加改造、加工便可以成为体育课程的内容。第二种表现为某些项目运动技能的相对繁杂性。例如，背越式跳高，包含助跑、起跳、腾空、越杆、落地等技术环节组成，仅越杆环节就需要完成“及时仰头、倒肩、展体、挺胸，并稍后收双腿，形成杆上背弓姿势，同时身体重心尽量靠近横杆”等一系列复杂的动作，该项技术虽然可观赏性强，但动作技能的复杂程度确实很高。第三种表现为某些运动项目的规则相对复杂。例如，篮球项目“犯规”的规定就包括侵人犯规、双方犯规、进攻犯规、违体犯规、技术犯规等，名目繁多的“规定”在一定程度上限制了身体运动的自由。

针对以上三种情况，必须采用“删繁”的手段，删去那些无关紧要、复杂程度较高的内容。针对以上情况，需要做到以下三点：一是要紧紧把住体育课程内容资源教材化的关口，不要把那些生疏冷僻的、不实用的、安全性能低的、没有身体锻炼价值的、不易掌握的项目引进到课程内容中；二是依据学科逻辑、课程性质以及学生的认知规律，删去那些不符合学段课程目标的内容，让学段课程内容的针对性更加突出；三是在选用课程内容时，要根据某一学段学生的需求区分主次内容，尤其是到了高中阶段，以学生兴趣为导向选择体育课程内容时，运动项目不宜过多，应该重点选择和传授与学生兴趣有关的运动知识与技能，引领学生掌握1～2项实用的运动技能。

运动技能的繁杂性是一个相对概念，复杂的运动技能需要在一定的运动基础上经过严格的技能训练才可以掌握。某一项运动技能可能很适宜初中、高中学段的学生，而对于小学阶段没有运动技术基础的学生却不适宜，因此要删去那些低学段学生难以掌握的内容。例如，篮球项目的行进间投篮（三步上篮）、行进间传球和急停跳投，田径项目中的三级跳远、跨栏跑、背越式跳高等动作较为繁杂，不适合低学段学生学习，应该删去。

运动规则能够保证体育课程内容的学习与练习有序进行，但有些规则并没有存在的意义。例如，推铅球，其实就是在投掷圈内将铅球推向投掷区，没有必要规定“从后场入—完成投掷动作—从后场出”。再如，篮球 24 秒进攻违例的规定，对于中小学学生的篮球比赛而言，没有太大价值。此外，对于一些不能很好地按照规则要求高标准完成技术动作的初学者而言，规则的约束确实增加了学习的负担。例如，学习篮球项目的运球技术，由于初中、高中阶段学生的动作操作技能已经得到一定程度的发展，学习运球技术对于该阶段的学生来说并不困难，在学习的时候也不会出现多余动作，并且能够根据规则的要求高质量完成行进间运球。但是，对于小学阶段的学生或者初学者，由于球感还没有建立，运球时难免出现两次运球、双手运球、运球走步等违规违例现象，这就会限制身体活动，因此，应注重让学生学会身体活动的方法，培养学生的球感，可以删去不必要的规则约束，不必苛求动作技术的细节。

删繁是从学生的认知规律、身心发展规律以及学科特点出发，删去繁多的运动项目，避免“蜻蜓点水式”的学习；删去复杂的运动技术路线和规则约束，减轻学生学习的负担，从而增强体育课程内容的适切性。

二、除　旧

体育课程内容的“旧”具有相对性，它包含两层意思：一是体育课程内容陈旧、过时，没有体现出时代性，与社会的发展进步格格不入；二是体育课程内容的更新与学生的成长过程、发展需求不同步，表现在某一时期不能满足学生日益发展的兴趣需求。体育课程内容的“旧”并不是否定体育课程内容的价值，而是指体育课程内容不能反映现实变化。拓展课程内容资源，注入新兴运动项目，适当变化体育课程内容的组织形式，可以使体育课程内容充满生机和活力，达到“除旧布新”的目的。

事实上，对引入新兴运动项目的重视不足，体育课程内容的开发力度不够，往往会给人造成体育课程内容陈旧、过时之感。例如，社会流行瑜伽健身，如果学生在学校没有接触过与瑜伽项目相关的知识、技能，甚至没有发展学生身体柔韧度和关节灵活性的课程内容，即使学生踏入社会对瑜伽充满兴趣和需求，也会因之前在学校没有接触过相关知识与技能而需要从头学起；或者是因为在学校时他们的身体柔韧度和关节灵活性没有得到发展，不具备练习瑜伽的身体条件，最终只能选择放弃追求这一时尚项目。因此，必须与时俱进，破除体育课程内容的“旧”，积极引入一些能够体现时代性的、社会流行的新兴运动项目，如街舞、健美操、瑜伽、普拉提等。这些运动项目时尚、实用，深受学生欢迎，便于学生学以致用，并能很快地融入学生的日常生活，促进良好生活方式的形成。

体育课程内容的“旧”还体现在不能与学生从低学段向高学段发展进程同步，体育课程内容不能满足学生在不同学段形成的不同体育兴趣、需要，不能突出一定学段发展学生体能、技能的侧重点，这一现象主要存在于高学段。对于高学段的学生而言，体育课程内容绝大多数是在低学段已经接触过的、传统的竞技性运动项目，如田径、体操、球类项目、武术、游泳等。如果高中阶段依然在不断重复小学、初中的课程内容，总是让学生从“零”开始，从基础学起，或者在动作熟练基础上仍然重复学习，不能给学生带来新的刺激，不利于学生掌握新的技术，直到高中毕业，学生仍然没有掌握一项实用的、感兴趣的运动技能。即使因袭小学、初中的课程内容，也要遵循“基本身体活动能力培养→基本运动技能的形成→运动技能的全面发展→专项运动技能的发展和综合能力的提高→特长技能的获得和综合体育能力的形成”① 这一顺序，待到高中阶段也应该对课程内容的程度提出新要求，如新高度、新远度、新速度、新难度、新技术、新标准等，使学生接受新的挑战，感受新的刺激，从而在体能、技能方面都得到一定程度的提升。

三、降　难

课程内容的“难”因人而异，它常与内容的抽象、艰深相伴②。体育课程内容的“难”突出地表现为体育课程内容的既定标准与学生运动技能的可接受性、动作完成程度之间的矛盾，也就是说，学生学习能力与既定的学习任务之间存在矛盾。运动技能的学习通常

---

① 唐照华，卢文云，刘骏．大、中、小学体育课程教材内容一体化的研究［J］．成都体育学院学报，2005，31（4）：115－118.

② 张恩德．课程内容“繁”“难”“偏”“旧”：内涵诠释与特征分析［J］．教育学术月刊，2014（8）：97－101.

建立在一定的运动技术基础之上，真正掌握并熟练运用一项运动技能，必然要经历由简到繁、由易到难、由生疏到熟练的“建立—提高—发展”的过程。低学段的学生或者初学者的运动基础还不扎实，还不具备掌握高标准运动技术的能力，因此，有些课程内容对于他们来说，确实难以掌握。例如，在小学阶段，成人化的运动项目对于小学生而言难度较大，要进行改造（包括场地器材的大小、长度、距离、规格、规则等），并辅以情趣化、儿童化、情景化的教法，以适应小学生的需求①。如果体育课程内容难度过高、要求过严，学生经过反复的练习也无法掌握和运用运动技能，在经受多次尝试的失败后，他们的学习积极性就可能会被严重挫伤。

降低体育课程内容的难度所针对的对象是低学段学生和初学者。使体育课程内容适应不同学段尤其是低学段学生运动技术学习的可接受程度，可以从以下几个方面着手。

在技术动作方面，简化技术动作，如将 24 式简化太极拳再进一步简化为动作简单、易学易记的 9 式太极拳；精简技术方法，如足球运球方法种类较多，脚背正面运球、脚背外侧运球、脚背内侧运球、脚内侧运球，学生没有必要全部掌握，只要掌握其中的 1 ~2 种技术方法即可；修改技术规则，如排球教学比赛允许连击、四次击球，能够增加该项目的可玩性、趣味性，并且不影响运动技术的掌握与运用；简化技术要领，一些复杂的动作技术，可以通过口诀来清晰地表达，如篮球原地单手肩上投篮编成口诀：“一蹬、二展、三抬、四压、五拨”，用简洁的语言帮助学生熟记、领悟要领，排除不

---

① 李启迪，邵伟德．坚持“以学生发展为中心”体育课程理念的意义与实施策略［J］．体育科学，2014，34（3）：15 –23.

必要的信息干扰。

在场地、器材、人员、装备方面，降低器材的高度，如降低排球网的高度、篮球架的高度、栏架的高度、横杆的高度，也就能降低扣球、投篮、跨栏、跳高的难度，不仅使学生掌握了运动技术，还能够帮助不同年龄、不同身高的学生收获成功的快乐；减轻器材的重量，如用实心球替代标准重量的铅球、用气排球或者软式排球替代标准排球、用小篮球替代标准篮球，利用这些器材同样能掌握课程内容所规定的运动技术；调整场地的规格，如将 110 米跨栏改为 70 米跨栏、将全场足球教学变为半场足球教学等；调整参与人数，如单人跑改为双人跑或者多人跑等。以上对场地、器材、人员、装备等方面的调整，可以降低体育课程内容的学习难度，激发学生的运动参与积极性，促进学生掌握运动知识与技能。

在中小学阶段，广而深的体育课程内容设置必然过分加大课程难度，体育课程教学无法达成既定的目标，这是不可行的。降低体育课程内容的难度，优化课程内容的深度与广度，尽量做到运动项目少而精，动作结构不复杂，使大部分学生通过学习能够掌握运动技术，提升运动能力，达成预设的目标规定。这一想法落实在体育课程内容的编排上，就是要遵循先易后难、由浅入深、由低级到高级的循序渐进的知识排列顺序，在学生掌握基本运动能力和基本运动技术的基础上，设置一个向上提升的适当“坡度”，由掌握单个动作技术逐渐发展到能够把多个动作技术串并在一起，最终使学生掌握该项目的运动技能。课程内容的编排不能脱离与学段的联系，小学阶段应该多安排体育游戏内容，注重发展学生的基本运动能力，初中阶段注重学生基本运动知识、运动技能的掌握和运用，高中阶段以运动项目学习为主。

四、纠　偏

体育课程内容的“偏”是因为出现理解的偏差而使体育课程内容的选择与设计偏离既定的目标和方向，它存在于课程内容选择与设计的过程中，既包含课程理解方面的问题，也包括技术层面的问题，其中课程理解的偏差是诱因。

课程标准鼓励学校和教师根据学生和学校的实际自主开发与利用体育课程内容资源，而在落实过程中却普遍出现体育课程教材内容选择的随意性和混乱现象，一些学校把当下流行的未经教材化的新兴运动项目或者民族民间盛行的传统体育活动项目生硬地引进课堂，导致体育课不以身体练习为主要教学手段，不以运动技能为主要教学内容，背离体育学科性质的现象，同时也挤占了有限的体育课程时间和空间，无疑加重了学生的学习负担。

要想纠体育课程内容的“偏”，首先需要正确理解体育课程的性质，明确体育课程内容的学科逻辑。体育课程内容资源的开发与利用不能偏离身体练习规定的学科逻辑，不能忽略体育知识和技术技能的传授，偏离了它，体育课程的学科价值将无法实现。

其次，需要纠正将“激发学生的运动兴趣”形而上学地理解为淡化运动技能或不要竞技运动内容的做法。体育学科是一门操作性的学科，运动技术是实现各项运动操作最重要的手段与途径[①]，运动技术、技能是中小学体育课程内容的主体。现实中那些体育课程内

---

① 李启迪，邵伟德．坚持“以学生发展为中心”体育课程理念的意义与实施策略［J］．体育科学，2014，34（3）：15－23.

容的游戏化、情境化做法，对于吸引低学段学生的注意力，激发他们参与运动的热情可能很见效，而对于高学段的学生，就会破坏体育课程内容的学术严谨性，无助于学生掌握正规的运动知识与技能。

此外，需要纠正体育课程内容偏离学生身心发展实际的做法。学生身体素质发展的敏感期出现在不同学段，学生的心理发展在不同学段表现出不同的特点，每个学段学生身心发展的特点都为体育课程内容的设置提供了可供遵循的规律。因此，在安排课程内容时，要考虑每个学段学生身体素质发展的渴求和心理品质提升的需要，根据一定学段学生的学习能力设置体育课程的重点内容，突出体育课程内容的学段特点。

五、减　重

"减重"是指尽量减少体育课程内容的重复设置现象。在设置体育课程内容时，为了使学生掌握运动知识与技能，并达到高度自动化阶段，课程中某些主要的知识与技能便会反复出现。但这种重复不应该是无逻辑的、简单的重复，而是应该在螺旋式提高的基础上提出新的要求①，也就是通过有针对性地、有重点地设置体育课程内容，使运动知识与技能根据学生学习的需要不断拓展和加深，彰显出内容的由浅入深、由易到难、由简到繁，实现使学生由生疏到熟练地掌握运动知识与技能的教学目的，否则，就会造成体育课程内容体系的庞大、繁杂、无重点，不利于学生掌握动作技能，不利于

① 王占春．从现行体育教学大纲看我国学校体育课程建设［J］．体育学刊，2001（6）：2－11.

学生形成运动兴趣和特长。

体育课程内容的重复设置现象较为突出地体现在初中和高中学段。仅以初中学段为例，由于当前初中的招生方式已经由划片招生逐渐转变为学生自主择校，不同小学的学生进入同一所初中，为初中阶段体育课程内容的设置带来了很大麻烦。由于学生在小学时体育课程内容设置不同，初中体育课程内容不可避免地与部分小学课程内容相重复；由于学生的体育能力参差不齐，初中体育课程内容的难易程度与学生的接受能力必然存在冲突，难度过大、要求过高的课程内容不为体育能力差的学生所接受，所以学生在新学段又只能从简单内容学起。这些简单的分析，都能说明避免学段体育课程内容低水平重复现象是一件难事。

减少学段体育课程内容的重复设置现象应该在遵循循序渐进原则的基础上，尽量做到两点：一是每个学段在起始年级都应该为学生适应新学段的体育课程内容设置一个“缓冲区”，这个区间既可以提高优秀学生运动成绩、运动技能为目标，也可以提高体育后进生运动能力为目标，使未学过新内容的学生接触到新的学习内容，这样能够发挥“缓冲区”承上启下、瞻前顾后的功能，使课程内容的重复具有科学性、合理性；二是整体规划一个学段的体育课程内容，既充分考虑学生身心发展的阶段性特点，又按照运动技能形成的规律设置课程内容，尽量避免学期之间或者学年之间出现低水平重复现象。

第四节 “竞”“技”组合的体育课程内容设置及学段适用

一、“竞”“技”的含义与关系

改造现有运动项目，推行竞技运动项目、新兴运动项目和民族民间传统体育活动项目的教材化，必须加深对以上三种运动项目的理解，正确解读“竞”与“技”的含义，充分利用竞技运动项目、新兴运动项目和民族民间传统体育活动项目载有的身体动作技术、技能成分，以及蕴含于身体活动之中的竞争性和心理体验的娱乐性、趣味性。

“竞”“技”是所有运动项目具备的主要特征。“竞”就是竞争、比赛，它是身体或心理活动的形式，通常用身体或者心理活动的剧烈程度来衡量“竞”的高低层次。本书中的“竞”主要指身体活动的程度。所有的运动项目都包含“竞”的成分，如与走、跑相关的项目通过竞速体现，即使是走、跑的单个动作技术，也可以用步幅大小或者频率高低来体现“竞”，与跳跃相关的项目通常用竞远、竞高表示，与投掷相关的项目通常用竞力体现。“竞”可以是个人之间的竞争，如后一时间段比前一时间段跑得快、跳得高、投得远；也可以是集体之间的竞争，如两人竞速、角力，小组比拼等。高层次的“竞”对身体活动的强度提出更高的要求，通常情况下身体要承受较大强度的运动负荷，并且需要严格遵守运动的规则；而低层次的“竞”则对身体承受的运动负荷没有过高的要求，只要能够达到体育课所需的最低要求的生理变化即可，也不需要太多运动规则的束缚。

“技”就是技术、技能，既包括身体的，也包括心理的和智能的。本书中的“技”主要指以最直观的身体运动方式呈现出来的运动技能。它是人在从事以运动项目为中心的身体练习过程中，在自体内部之间和自体与客体之间的相互关系中通过综合体验所获得的身体认知[①]。运动技能是体育与健康课程的主干学习领域。此领域的目标是通过一系列教学活动对学生的身体和心智进行“刺激—强化”，使学生最终掌握和运用所学习的运动技术和运动方法来开展身体活动，并形成终身锻炼的习惯。因此，运动技能的内容和难易程度要符合学生的认知特点和身体运动能力，符合人体运动的原理和科学规律，符合身体运动的统一规范和要求。“技”有高低之分，高水平的“技”通常用完成动作的准确性、协调性、力量性、经济性等来衡量。

“竞”与“技”相互联系，关系密切，“竞”是“技”的表现形式，“技”是“竞”的基础，个人所具有的“技”的实力和水平决定着“竞”的层次。学段体育课程内容衔接以“技”为基础，把握动作技能形成与发展的规律，正确判断不同学段学生动作技能的水平，合理设置体育课程内容以实现课程目标层面对动作技能学习与应用的要求。

---

① 邹玉玲，史曙生，顾渊彦．体育课程导论［M］．北京：人民体育出版社，2005：76.

二、“竞”“技”的组合方式与学段适用

体育与健康课程以身体练习为主要手段，以竞技运动项目、新兴运动项目和民族民间传统体育活动项目为体育与健康课程内容资源，把运动项目的“竞”“技”性质融入体育课程内容之中，使体育课程内容的设置与体育课程目标的要求相一致，使体育课程内容竞争性、技术性、娱乐性、趣味性精彩地呈现，使学生在身体活动中掌握运动技能，获得身心的全面发展，享受身体活动的快乐与成功感，引发兴趣，促成良好的运动习惯。本书根据身体活动的剧烈程度和运动技术技能的熟练程度（不同水平），将体育课程内容的组成细分为不同的层次，每一层次适用于不同年龄、不同身体和心理特征的学生。本书通过建立一个二维坐标图（图 5 – 3），按照运动项目体现出来的“竞”“技”水平、层次高低，把体育课程内容分为四个相互联系且表现程度不同的区间。图 5 – 3 能够清晰地反映出运动项目改造的动向及其在不同学段的适用性。

从图 5 – 3 中可以看出，A 区间是高竞争、高技能组成的课程内容，适用于高中阶段的学生；B 区间是低竞争、高技能组成的课程内容，适应于初中阶段的学生；C 区间是低竞争、低技能组成的课程内容，适应于小学阶段的学生。

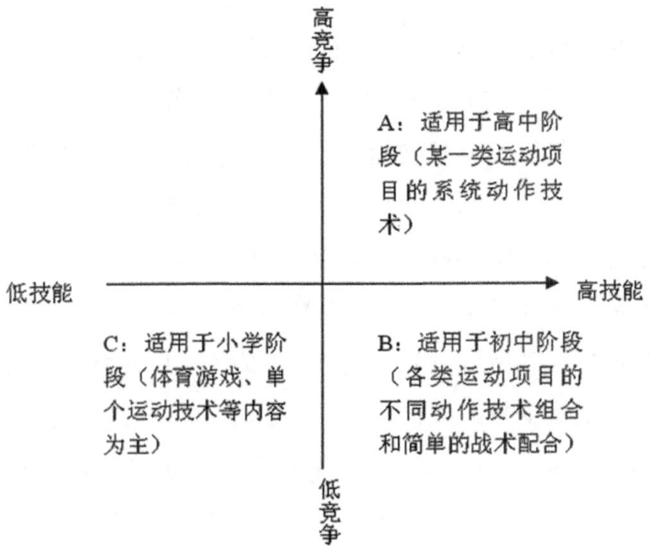

图5－3　运动项目改造的动向及其适用对象

（一）低竞低技体育课程内容模式及其适应性

C区间是低竞争、低技能（简称“低竞低技”）组成的课程内容，这类内容以走、跑、跳、投悬、支撑、攀、爬等基本动作技能为基础，生发、演化出游戏内容及各个运动项目的各种简单的动作技术。它是按运动学原理将动作类别化、要素化，淡化竞争的因素，追求动作的合理性和美感；在单调的运动（如跑、跳、游泳等）中加进情节，强化协同和竞争（规则的约束性不太强）的因素，有利于激发学生的练习兴趣①。

① 毛振明．试论“竞技运动教材化”的方向与方法［J］．体育教学，1997（2）：11－13.

小学低年级（1～3 年级）课程内容的安排以身体基本活动和游戏内容为主，以学习简单的运动技术为辅。此阶段可以多选择游戏、跑步等技术简单、富有趣味的课程内容，如各种花样跑、“喊数抱团”“贴烧饼”以及“拉网捕鱼”等游戏，这些既能激发小学生体育学习的兴趣，发展相关的身体素质，也能够让学生在体验乐趣的同时，学习并初步掌握各个运动项目的各种简单的动作技术，形成正确的身体姿势和身体形态。小学高年级（4～6 年级）体育课程内容的安排则以运动项目中单个运动技术为主，以体育游戏内容为辅。此阶段可以适当安排一些简单多样的技术性内容，学生可以学习田径类项目中的蹲踞式跳远、跨越式跳高、短跑、投掷垒球、投掷实心球等单个动作技术，学习体操类项目滚翻、侧翻、跳山羊等动作技术。学习球类项目中篮球投篮、足球踢球、排球垫球、乒乓球推挡、羽毛球接打高远球等基础动作技术，学习这些运动技能对全面发展学生的体能，促进学生正常的生长发育、增强体质、维持良好的身体机能状态、提高免疫和适应外部环境的能力具有重要作用。

（二）低竞高技体育课程内容模式及其适应性

B 区间是适用于初中阶段的低竞争、高技能（简称“低竞高技”）组成的课程内容，这类课程内容以运动项目为载体，是各类运动项目的不同动作技术组合和简单的战术配合。这一时期学生的体育学习开始带有技术性的特征。由于学生生理上逐渐成熟，男女生的体育兴趣发生了较为明显的变化和分化。男生更喜欢灵活、敏捷、竞赛性强、活动量大的运动，如篮球、足球、田径等；女生更喜欢表现优美、柔韧、节奏韵律感强的运动，如体操、艺术体操、舞蹈等。随着年龄的增长，以及感、知觉目的性、自觉性、精确性的发展，这一阶段学生对事物的感知已逐渐由感觉水平、知觉水平发展到观察水平，具有一定的概括性和逻辑性。从身体方面来看，学生各器官系统逐渐成熟，因此初中阶段是开展运动技术教学的大好时机，应以全面开展各项运动技术教学为着力点，在掌握一定运动技能的前提下，发展学生的身体素质，进一步促进学生的生长发育①。此阶段体育课程内容应该以某些运动项目的组合动作为主，如篮球项目学习原地运球—行进间运球—运球急停、急起、双手胸前传接球—行进间双手胸前传接球、原地单手肩上投篮—跳投—行进间运球上篮等一系列连贯动作，并且对完成动作的质量都要相应地提高要求，规则也比较严格。这种提高显然更多地体现在个人的技术和技能水平而非竞争强度上，因为此阶段学生羞于与别人竞争，对于同学之间较量的结果及同伴的看法、认可度较为敏感，两人竞争，必有一弱，一旦失利，弱方的自尊心就有可能受到打击，学习的积极性可能由此受挫。

（三）高竞高技体育课程内容模式及其适应性

A 区间是高竞争、高技能（简称“高竞高技”）组成的课程内容，重点学习 1～2 项运动技能，以发展熟练运用该项运动技能的能力为主要目标，适用于高中阶段乃至更高学段的学生。此阶段学生身体发育基本成熟，世界观与价值观及自身的知识体系也已基本形成，主体性日益明显。他们更乐于自我尝试和思辨，乐于接受更高的挑战。因此，倡导进一步提高学生原有的技术技能并组织学生参

① 邵伟德，邹旭铝，俞富根．运动技术概念、性质、分类及其教学特点思考［J］．体育教学，2010（7）：25－27.

与较高强度的竞赛，有利于发展学生的主体性，符合这一时期学生的身、心、智的特点①。此阶段体育课程内容要适应终身体育发展的需求，设置充足的球类项目和个人项目。同时加强体育课程内容的系统化，强调运动技能学习的完整性、系统性，通过运动技战术的练习，发展其相关身体素质，重点使学生形成 1 ~ 2 项高度自动化的运动技能，发展个人的运动能力；通过学习运动规则，参与体育竞赛，提高高中学生的竞技战术水平。

① 李庶鸿．竞技运动的内涵及学校竞技运动教学模式的探讨［J］．体育与科学，2002，23（5）：10 - 12.

第六章 学段体育课程内容衔接的设计

体育与健康课程以身体练习为主要手段的质的规定性，决定了体育课程的内容必然是以一系列运动技术为基础的具体、实在的体育动作或动作组合。运动技术的形成与发展有规律可循性，这种规律性与学生身心发展的过程同步，在不同学段，都以适当的组合形式促进学生身体的生长发育，同时发展良好的心理素质，提高社会适应能力，形成终身体育锻炼的意识和能力。

第一节 各学段课程内容（运动技能）衔接的理论与方法

一、把握运动技能的认知规律

动作技能又称为运动技能或操作技能，是由一系列的外部动作以合理的程序组成操作活动方式。动作技能的形成过程是学生通过练习逐步掌握某种动作方式的过程，在这一过程中，学习者经过多次练习而在头脑中形成关于动作程序的认知结构，即动作程序图式①。这种动作程序图式在相似情境的激发下就会自动地调节和控制人的行为，使自身的肌肉活动适应变化着的环境条件。

运动技能的学习符合认知规律，主要因为以下三点：①运动技能本身是一种以身体参与为特征的客观性知识，它符合一定的法则，具有可认知的顺序性；②运动技能的学习不只是肌肉动作层面的学习，其中每一步都包含了认知的重要成分，如动作的协调与控制都是感觉器官在内外环境特定刺激的作用下，将这些信息迅速地输入人脑进行信息加工，并做出指令性调节和支配效应器官的活动动作，使各种动作协调进行；③动作技能是可以通过练习来改善的，初期练习者要将组成某种动作技能的活动方式反映到大脑中形成动作映像，并经过大量的练习，来保持动作技能。

运动技能的形成是分阶段进行的，随着不断练习，在适当的条件下学习者的操作将发生某些变化，而这些变化又可以通过各种指标反映出来。比较典型的运动技能形成阶段理论有费茨和波斯纳（Fitts & Posner，1967）的动作学习三阶段模型、亚当斯的两阶段模型和金泰尔的两阶段模型。我国学者冯忠良通过分析操作技能形成过程中的动作特点，从教学实际出发，整合了上述理论，认为操作技能需经过定向、模仿、整合和熟练四个阶段才能形成②。

---

① 陈琦，刘儒德．当代教育心理学［M］．北京：北京师范大学出版社，2007：307.

② 冯忠良．教育心理学［M］．北京：人民教育出版社，2000：416－421.

第一阶段是操作的定向，即了解操作活动的结构与要求，在头脑中建立起操作活动的定向映像的过程。也就是说，首先要掌握与动作有关的陈述性知识与程序性知识。有了这种定向映像，学习者在以后实际操作时就可以受到该映像的调节，知道做什么、怎么做。定向映像的建立、形成是通过一系列的心理活动而完成的，首先，通过对教师示范动作的直接感知而形成动作表象，该表象主要反映肌肉动作的外部直观形象，以视觉形象为主；其次，通过教师的进一步讲解，学生在头脑中正确区分动作的内部特性，如动作的用力特征，动作的空间、时间特征，动作间的协调和动作结构等，建立有关动作的基本概念，掌握动作要领。

第二阶段是操作的模仿，即实际再现出特定的动作方式或行为模式。个体在定向阶段了解了一些基本的动作机制，而在模仿阶段则试图尝试做出某种动作。模仿的实质是将头脑中形成的定向映像以外显的实际动作表现出来。就有效的操作技能的形成而言，模仿是形成操作技能的重要环节，通过模仿，个体可以获得初步的动觉体验，有利于准确的动觉体验的产生。

第三阶段是操作的整合，即把模仿阶段习得的动作固定下来，并使各动作成分相互结合，成为定型和一体化的动作。学习者在模仿阶段只是初步再现出定向阶段所提供的动作方式，但对于大部分的复杂的操作技能而言，学习者不仅要准确地做出每一个操作动作，还应掌握各动作间的动态联系，而这种动态联系在模仿阶段是难以实现的。只有通过整合，各动作成分之间才能协调联系，动作结构才逐步趋于合理，动作的初步概括化才得以实现。在整合阶段，个体对动作的有效控制也逐步增强。因此，整合是操作技能形成过程中的关键环节，它是从模仿到熟练的一个过渡阶段，也为熟练的活动方式的形成打下基础。

第四阶段是操作的熟练，指所形成的动作方式对各种变化的条件具有高度的适应性，动作的执行达到高度的完善化和自动化。自动化并非无意识，而是指它的执行过程不需要意识的高度控制，可以将注意力分配于其他活动。操作的熟练的内在机制是在大脑皮层中建立了动力定型，即大脑皮层的概括的、巩固的暂时神经联系。操作的熟练是操作技能形成中的一个重要阶段，也是由操作技能转化为能力的关键环节，各种技术能力的形成都是以操作的熟练为基础的。

动作技能形成的四个阶段环环相扣，前一阶段是后一阶段的基础。在体育课程内容衔接时，必须注意高学段与低学段的联系，高学段需要重点注意低学段是否学习了该内容，学习的效果如何。在教授同一项目时，教师注意观察学生动作的稳定性、准确性、灵活性，如果学生动作的稳定性、准确性、灵活性、协调性较差，各个动作要素之间互相干扰，相互衔接不连贯，经常出现顾此失彼的现象，并且有多余动作产生，那么就有必要降低课程内容难度或者加强动作练习。

从运动技能的形成过程可以看出，复杂的、完整的动作技能的学习往往需要花费较长的时间，耗费较大的体力与精力。复杂的运动技能多是由若干单个动作技术组合而成，需要更多地依靠肌肉运动感觉来感知、理解和记忆，在学习的初期尽量安排单个动作技术的练习，待到若干单个动作技术熟练掌握，再将它们串并在一起，以形成完整的、系统的动作技能。因此，体育课程内容的设置需要遵循由简到繁、由易到难的规律。在小学阶段，由于小学生不具备运动技能的基础，不宜安排运动项目作为课程内容，而应该简化运动技术，发展学生身体基本活动能力。到了高学段，学生需要掌握完整的、系统的运动技术，课程安排要强调动作技术的灵活性、稳定性和准确性，增强动觉控制能力，将动作技术转化为能力，强调在日常生活中的应用。

二、遵循动作技能的发展序列

动作是人类个体最基本，也是最重要的一个发展领域。人类的发展涉及身体、动作、情感、认知四个方面，其中动作是人适应环境的重要途径，每个重要动作的获得和变化都意味着个体与环境互动关系的改变，并与个体的认知和社会行为等密切相关，因而动作发展是个体发展的重要任务①。动作在不同生理年龄阶段显示出不同的特征，这些特征称为动作序列。儿童动作发展序列是指特定生理年龄阶段儿童完成基本动作技能时所表现出的某些共同特征，将这些特征按照先后顺序串联起来就是该动作发展的序列②。动作技能的发展同样也遵循着动作发展的序列规则。

泽费尔特（Seefeldt）（1980）用形似“金字塔”（图6－1）的模型来阐述动作技能发展的问题，后被动作发展专家们称作动作熟练度发展序列模型。在这个模型中，反射被视作所有动作技能发展的基础，而基本动作技能则是在反射的基础上发展而来的更广泛的动作技能。除非个体的多种基本动作技能都得到基本的发展，否则

① Greg Payne，耿培新，梁国立．人类动作发展概论［M］．北京：人民教育出版社，2008：259.

② 王兴泽，黄永飞，谢东北，等．动作发展序列理论及体育教学案例分析［J］．北京体育大学学报，2014，37（3）：98－106.

他们的动作技能水平将难以发展到“金字塔”中的高级水平，即达到运动、竞赛和舞蹈动作技能所要求的熟练度，这就是所谓的熟练障碍。他进一步提出儿童应该在童年早期到中期这一阶段获得广泛的技能基础，之后才有可能发展到位于“金字塔”的更高层级的动作技能①。该“金字塔”模型分别列出婴儿期、儿童早期、儿童中期到成年期三个时间段动作技能的发展程序。婴儿期主要是本能动作，儿童早期对应基本动作技能的发展，儿童中期到成年期则从过渡性动作技能向专门的竞技运动和舞蹈技能发展。塔底则代表本能动作和基础动作技能，塔顶则是较高水平的动作技能，在从婴儿期向成年期成长过程中，个体动作技能逐渐发展成熟。

根据“金字塔”模型的提示，我国中小学体育课程内容的设置大致如下：小学阶段，以发展身体基本活动能力为主，学习简单的运动技术，掌握基本运动技能，为后续学习完整的、复杂的运动技能奠定身体条件和基本技术基础；初中阶段，以运动项目学习为主，学习运动项目中的不同动作组合，掌握过渡性运动技能；高中阶段，系统地、完整地掌握 1～2 项运动技能，并提高运动技能的成熟度，发展专项运动技能。

① Greg Payne，耿培新，梁国立．人类动作发展概论［M］．北京：人民教育出版社，2008：195－196.

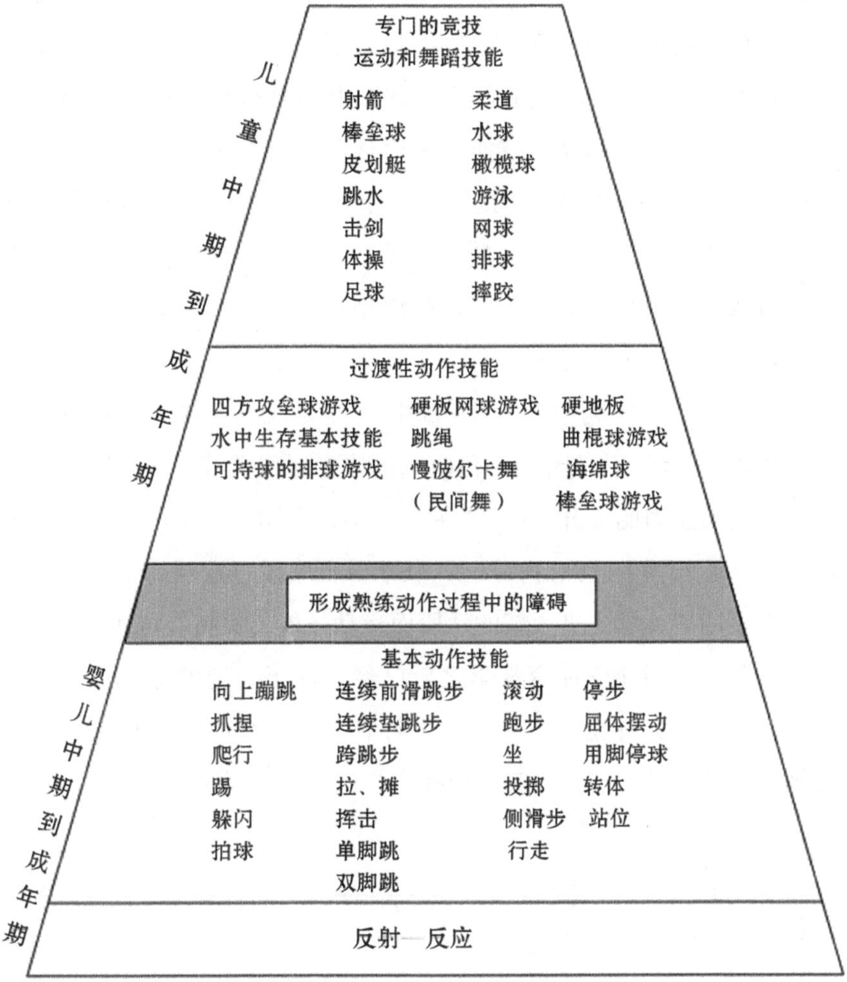

图 6－1　动作熟练度发展序列的模型

动作技能从不成熟向成熟的发展过程遵循两种序列法：第一种是动作发展的整体序列法。这种模式认为，动作技能发展的序列是线性的，即动作技能由不成熟、低效率的阶段发展到成熟、高效的阶段。每种基本动作技能从最不成熟到更加成熟的发展序列用箭头表示。按照这个序列，每个阶段都包含了一组共同特征，并且按序列进行编号。两个阶段之间的空隙代表儿童从较低阶段发展到较高阶段的时间。儿童的动作技能表现会逐渐显现为下一发展阶段。整体序列法提供了一种将动作技能模式分类的快速方法①。这种动作发展序列模式使人们感知动作是可预见的，它与动作技能学习的三阶段或者四阶段模型较为相似。这种模型比较直观、简单，在设置体育课程内容时也可以使用。

小学$^{++}$、——初中$^{+++}$、—高中$^{++++}$是相互衔接、相互适应的三个学段，“+”代表经过一段时间的体育课程学习，学生运动技能掌握和运动能力的提升程度，“+”越多，说明学生学习时间长，运动技能掌握的程度越熟练；“—”代表从低学段过渡到高学段的适应期或者缓冲期，学生进入新的学段而运动技能仍保持在原水平。“小学++”是经过小学体育教学之后已经形成了一定的运动技能；进入初中学段后，首先要经过“——初中”的“缓冲区”（图6－2），逐渐唤醒学生的状态，使其适应初中学段体育教学的要求。

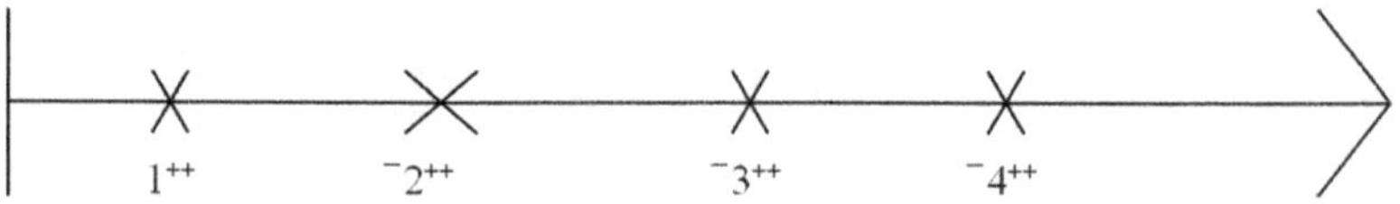

图6－2　动作发展整体序列法的概念图示（Greg Payne 等，2008）

---

①　Greg Payne，耿培新，梁国立．人类动作发展概论［M］．北京：人民教育出版社，2008：198.

另外一种模式是动作发展的部分序列法（图6-3）。该方法通常用来确定在一项动作技能的实施中，身体不同部位的发展序列。它从阶段论的角度出发，描述了动作行为特征的多种可能组合结构，以及儿童能够根据个体、任务、环境的约束来做出不同组合的动作行为①。

在这个方法中，某个动作技能发展阶段的特点由身体的各个部位决定，并且这些特征可以用多种方式结合起来以反映全身的特征。一个个体的动作技能发展水平可以表现为AKQ的组合模式，而另一个个体则可能表现为BLR的组合模式。该模式详细描述身体某个具体部位随时间的发展产生变化的情况，并且描述了身体各个部位之间的联系②。该模式类似于把一项运动技能分解成若干部分，而身体各个部位需要承担相应的任务，如部分1、部分2、部分3分别代表上肢、躯干、下肢等在完成一个动作的不同阶段承担相应的任务。这种方法在学习某种特定的动作技能时经常用到，但也可以与整体序列法结合在一起，用于编制学时课程计划。

如部分1中的A、B、C代表着一组动作，它与部分2的J、K、L和部分3的Q、R、S共同组成了某一项目的整套技术动作。“部分1”、“部分2”、“部分3”代表某一运动项目的不同动作技术，如篮球项目，“部分1”是运球技术、“部分2”为投篮技术、“部分3”为无球技术（图6-3）。

---

① Hamilton M L，TATE A. Constraints on throwing behavior of children [J]. Motor Development：Research and Reviews，2002（2）：49-61.

② Greg Payne，耿培新，梁国立. 人类动作发展概论［M］. 北京：人民教育出版社，2008：198.

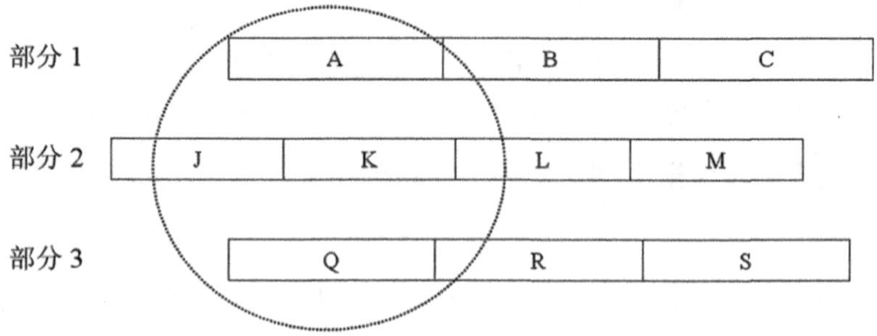

图 6－3　动作发展部分序列法的概念图示（Greg Payne 等，2008）

动作发展序列为体育课程内容的编制提供了很好的思路。第一，学生在学习某一动作技能时，需要把该动作技能进行分解、细化，这种方式在体育教学中经常使用，即动作分解教学法。第二，学生学习某一动作技能时，需要经历一个从不成熟、低效率的阶段向成熟、高效率的阶段的发展过程，这就要求体育教学坚持循序渐进的原则，课程内容的编排具有明显的层次递进，不能仅仅停留在某一动作技能的学习上，要由简入繁、由浅入深，推进动作技能向较高层次水平发展。同样，也不能脱离学生对基础动作技能掌握的实际，前一阶段动作技能的掌握是下一阶段动作技能发展的基础。第三，一个成熟、正确的动作技能的形成需要经历不同层次水平的动作发展序列，同样，某些运动技能的形成也需要经历不同层次水平的发展，这种不同层次水平的发展与学生的成长过程高度吻合，使小学、初中、高中、大学各个学段动作技能发展的任务更加明确，而各学段体育课程内容衔接则把动作技能发展的不同层次水平相串接，推动个体运动技能向成熟的方向发展。

三、构建学生学习动作技能的发展序列

学生动作技能的形成过程，遵循运动技能形成的认知规律和动作技能本身发展的序列。体育课程规定了小学、初中、高中各个学段相应的运动技能学习任务。如何把各个学段的学习任务结合起来，使它们最终被学生所掌握？本书构建了学生动作技能的发展序列图（图6－4），试图为体育课程内容的整体设计提供方法借鉴。

中小学学生运动技能形成的发展序列图勾勒了从小学到高中学段某一项运动技能的形成过程，在学生动作技能形成过程中，各种关系是相互联系的。

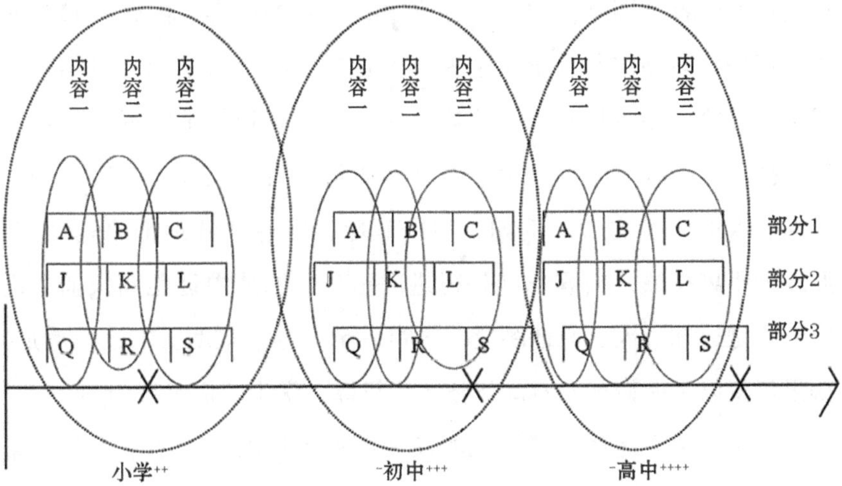

图6－4　中小学学生运动技能形成的发展序列

随着学生运动技能水平层次的不断提升，“缓冲区”设置范围逐渐变小。初中学生已经掌握了一定的动作技术，到高中阶段时就不

再需要耗费太长的“缓冲”时间。经过小学$^{++}$、$^{-}$初中$^{+++}$、$^{-}$高中$^{++++}$三个学段相互适应、相互衔接的学习，最终使学生掌握一种项目的系统动作技术。

部分 1、部分 2、部分 3 配合各个学段的教学任务，暗含从低学段向高学段循序渐进的提升关系，如小学部分 1 代表拍球动作，初中部分 1 代表运球动作，高中部分 1 仍然是运动动作。小学拍球练习以熟悉球性、掌握基本动作为目的；初中运球动作技术的难度和熟练程度则在小学阶段基础上均有所提高；到了高中阶段，学生掌握各种运球技巧，运球技术达到娴熟程度。

内容一、内容二、内容三分别代表在该学段内根据学生学习能力所设置的动作技术，代表为达成单一动作技术水平而设置的具有梯度性的内容。即基础内容、提高内容、发展内容，内容一较为简单、容易，能够被所有学生掌握；内容二难度有所增加，对学生完成技术的要求相应提高，一些体育后进生不能很好地掌握该层次的动作技术；内容三难度增大，对动作质量的要求较高，能够达到该层次要求的学生更少。例如，初中篮球，内容一分别是原地运球、原地近距离投篮；内容二则是行进间运球、原地中远距离投篮；内容三则是运球过人、原地跳投，内容一至内容三难度要求逐渐增加，如果仅仅以掌握篮球基本动作技术为目标，学生只需掌握内容一。

中小学学生运动技能形成的发展序列图清晰显示了学生掌握某一项目完整的动作技术的线路，明确了各个学段课程内容之间的关系。它既符合学生动作技术的认知发展规律，也符合当前中小学教学实际，结合了体育课程目标的要求，能够为各个学段体育课程内容的系统设置提供方法指导和借鉴。

第二节　不同学段运动技能学习的内容与要求

体育与健康课程标准按照学生身心发展的特点，将学生运动技能的学习分成六个学段，其中小学分为三个学段，即水平一（1～2年级）、水平二（3～4年级）、水平三（5～6年级），初中为水平四（7～9年级），高中为水平五和水平六，每个学段各有运动技能的学习目标和任务。其中，水平五规定了每一位高中学生通过自己的努力应达到的学习目标，是全体高中学生的必修内容；水平六是为部分学有余力的学生设置的发展性学习目标。根据研究的需要，本书以体育与健康课程标准设置的水平一至水平五作为研究对象，基于课程标准和学生身心发展的特点对运动技能的学习内容进行分析。

一、水平一：运动技能学习任务

小学1～2年级既是幼小衔接的关隘，又是基础教育中的基础。水平一的体育课程在《义务教育体育与健康课程标准（2011年版）》的明确指引下，其内容与形式基本固定下来，每周至少开设4次体育课基本得到保障，课程内容的难度与深度较之幼儿园的游戏课程明显增加，小学1～2年级的体育课程体现得更为正规。《义务教育体育与健康课程标准（2011年版）》基于这一阶段学生身心发展的特点，规定水平一的学习目标为“学习基本的身体活动方法和体育游戏”“学习不同的体育活动方法”（表6－1）。

表6－1 水平一“掌握运动技能”的目标、内容与要求

学习目标	达到该目标时，学生能够掌握的内容	评价要点	评价方法举例
学习基本的身体活动方法和体育游戏	做出基本身体活动动作。如在体育游戏中完成各种形式的走、跑、跳、投、抛、接、挥击、攀、爬、钻、滚动和支撑等动作	完成所学动作的熟练程度	评价学生跑步时的身体姿态和动作
	初步学会常见的球类游戏。如学习小篮球、小足球、乒乓球等适合本水平学生学习的球类游戏	参与球类游戏的活动表现	评价学生在“打鸭子”游戏活动中的灵活性和协调性
学习不同的体育活动方法	学习一些体操类活动的基本动作。如学习横队和纵队看齐、向左（右、后）转、立正、稍息、踏步、齐步走、站立、蹲立、仰卧、俯卧、纵叉、横叉等基本体操动作；棍、球、绳等轻器械体操动作；多种个人和集体的舞蹈动作、韵律动作等	完成所学动作的节奏感、柔韧性和协调性	评价学生完成韵律动作的表现

续表

学习目标	达到该目标时，学生能够掌握的内容	评价要点	评价方法举例
	学习一些游泳或冰雪类活动的基本动作。如学习水中呼吸、蛙泳的基本动作，或者冰上行走等（有条件的地区和学校）	完成所学游泳或冰雪类活动基本动作的情况	评价学生在游泳中上肢、躯干、下肢和呼吸协调配合的表现
	学习一些武术类活动的基本动作。如学习基本手型、抱拳、马步、蹬腿、冲拳等简单的武术基本动作、3～5 个简单动作组成的动作组合等	完成所学动作的协调性和连贯性	评价学生完成武术操的表现
	学习一些其他简单的民族民间传统体育活动项目的基本动作。如学习滚铁环、抽陀螺、荡秋千、跳皮筋、跳绳、踢毽子等活动的基本动作	完成所学动作的情况	评价学生踢毽子的熟练程度

从课程标准预设的学习目标可以看出，此阶段运动技能的学习强调两点。第一，注重体育游戏教学。此阶段学生正处在生长发育的重要阶段，他们爱听故事，富于幻想，好奇心强，活泼好动，喜欢表现自己，喜爱有节奏的舞蹈和游戏，喜欢挑战和尝试新鲜事物，喜欢参与具有情境设置、模仿性的、扮演一定角色的游戏活动，如“老鹰抓小鸡”“打鸭子”等游戏。此阶段课程内容应该尽量将运动技术游戏化，激发学生体育活动的兴趣，满足心理需求，动员大肌

肉群参与其中，帮助学生掌握各种形式的走、跑、跳、投、抛、接、挥击、攀、爬、钻、滚动和支撑等基本的动作技能，发展大肌肉力量、肢体协调性、平衡感以及小肌肉群技巧和灵活度。随着大肌肉群的发展、成熟和运动经验的积累，学生初步具备了学习一些体操类、游泳或冰雪类、武术类活动，以及其他简单的民族民间传统体育活动项目等基本技术动作的能力。

第二，强调运动方法的学习。运动方法的学习是掌握运动技能的前提，在小学低年级占有重要地位。一是学习基本的身体活动方法，尤其需要注意学习正确的走、跑、跳、投等基本动作和方法，克服坐立行走过程中经常出现的低头、耸肩、含胸、脚擦（拖）地等不正确动作，养成日常生活所需的正确身体姿势；二是引导学生学习不同的体育活动方法，让学生体验不同的体育活动方法，掌握基本的动作技能，从而为今后学习更多的运动技能奠定基础。

二、水平二：运动技能学习任务

新一轮体育课程改革根据小学 3 ~4 年级学生的学习能力及表现设置水平二阶段，目的在于再进一步细化小学阶段体育课程的学习目标和任务，使体育课程目标更贴近学生身心发展的实际。课程标准把水平二“掌握运动技能”的目标规定为“提高基本身体活动和完成体育游戏的能力”“初步掌握多种体育活动方法”（表6 –2）。

表 6－2 学习水平二“掌握运动技能”的目标、内容与要求

学习目标	达到该目标时，学生能够掌握的内容	评价要点	评价方法举例
提高基本身体活动和完成体育游戏的能力	完成多种基本身体活动动作。如在体育游戏活动中完成快速的曲线跑、合作跑、持物跑，单、双脚连续向高和向远跳跃。单、双手的投掷和抛物，有一定速度要求的攀、爬、钻等动作	完成所学动作的正确性、数量或速度	评价学生在“撒渔网”游戏活动中的速度和灵敏性
初步掌握多种体育活动方法	初步掌握几项球类活动的基本方法。如初步掌握小篮球、小足球、羽毛球、乒乓球或其他新兴球类活动的基本方法	完成所学技术动作的熟练程度	评价学生完成小篮球运球动作的质量
	初步掌握一些体操类活动的基本动作。如初步掌握有队形的跑步走、齐步走变跑步走、各种队列、队形变换，爬绳、爬竿，单杠、双杠、山羊、垫上等体操基本动作，健美操、校园集体舞等韵律活动和舞蹈动作	完成所学动作的节奏感、柔韧性、协调性和身体姿态	评价学生完成前后滚翻、山羊分腿腾越等动作的质量

续表

学习目标	达到该目标时，学生能够掌握的内容	评价要点	评价方法举例
	初步掌握一些游泳或冰雪类活动的基本动作。如初步掌握蛙泳或者滑冰、滑雪的基本动作，并进行一定距离的动作练习等	蛙泳或者滑冰、滑雪基本动作的掌握程度	评价学生掌握蛙泳动作的质量及坚持完成一定距离蛙泳练习的情况
	初步掌握一些武术类活动的基本动作。如初步掌握武术的基本动作、6~8个简单动作组成的武术套路等	完成所学动作的协调性、连贯性	评价学生完成所学简单武术套路的质量
	初步掌握一些其他简单的民族民间传统体育活动的基本动作。如初步掌握荡秋千、跳皮筋、跳绳、踢毽子等活动的基本动作	完成所学动作的协调性和数量	评价学生跳绳、踢毽子的动作质量和数量

经过1~2年级的体育教学，水平二的学生身体活动能力得到一定程度的发展，柔韧、灵敏、速度等身体素质发展较快，并且在此前基础上，对跑、跳、投等基本技能动作有了初步的了解和认识，积累了一定的运动知识与经验，已经具备完成多种基本身体活动动作的能力，因此，应该将体育项目的简单动作教学作为课程内容，强调进一步提高学生的基本身体活动能力，如跑的速度、跳的远度

和高度、投的远度，结合体育游戏活动的内容，促使学生完成多种基本身体活动动作。但应该注意的是，此阶段学生心肺功能与体能并没有发育完全，身体活动能力发展不平衡、不同步，需要根据学生身体素质发展的敏感期规律，重点发展学生柔韧、灵敏、速度等身体素质以及身体的平衡、协调能力和节奏感，不宜安排过多、过大的力量、耐力内容。

水平二阶段学生心智水平得到发展，情绪丰富，对体育课程有了一定的认识，很多学生开始对体育课程充满期待和热情。但此阶段学生情绪的稳定性较差，兴趣并不容易集中，利用体育游戏和采用多种体育活动方法吸引学生的注意力很有必要。此外，若要理解和接受技术性强的动作技能，学生心理发展水平还需要经过一个过程，因此，在此阶段不必苛求学生动作技术过程的精细与规格，而是需要多强调初步掌握多种体育活动方法，如初步掌握几项球类活动的基本方法，初步掌握一些体操类活动的基本动作，初步掌握一些游泳或冰雪类活动的基本动作，初步掌握一些武术类活动的基本动作，初步掌握一些其他简单的民族民间传统体育活动的基本动作，循序渐进地引导学生掌握动作技能。

二、水平三：运动技能学习任务

在水平二“提高基本身体活动和完成体育游戏的能力”“初步掌握多种体育活动方法”的基础上，水平三的学生的身体活动能力尤其是动作的协调性、柔韧度、节奏感得到发展，并且体育兴趣明显显现，开始对体育运动项目形成一定的指向，因此，此阶段体育课程内容的难度和系统性应该有所提升，以此为学生完整地学习与掌握某些运动项目的动作技能奠定基础。基于此，课程标准规定此阶段体育课程的学习目标为“掌握有一定难度的基本身体活动方法”“基本掌握运动项目的技术动作组合”（表6－3）。

表6－3　学习水平三“掌握运动技能”的目标、内容与要求

学习目标	达到该目标时，学生能够掌握的内容	评价要点	评价方法举例
掌握有一定难度的基本身体活动方法	完成有一定难度的基本身体活动动作。如完成后蹬跑、连续纵跳摸高、急行跳远、各种方式的投掷动作，有一定速度要求的滑步、攀、爬、钻、滚动、滚翻等动作	完成所学动作的数量或质量	测试学生连续纵跳触摸固定高度的次数
基本掌握运动项目的技术动作组合	基本掌握一些球类运动项目的技术动作组合。如初步掌握小篮球、软式排球、小足球、羽毛球、乒乓球、短拍网球或其他新兴球类运动项目的技术动作组合	基本技术动作衔接的连贯性	评价学生在小足球活动中运球和射门技术动作组合的质量

续表

学习目标	达到该目标时，学生能够掌握的内容	评价要点	评价方法举例
	基本掌握一些体操类运动项目的简单技术动作组合。如初步掌握有一定难度的队形变换和队列动作，单杠、双杠、跳箱等器械体操和技巧的简单技术动作组合；健美操、街舞、啦啦操、校园集体舞等韵律活动或舞蹈的简单成套动作	完成所学动作的节奏感、协调性、力量、身体姿态和动作衔接的连贯性	评价学生完成所学山羊分腿腾越、低单杠跳上成支撑—前翻下等动作的情况
	基本掌握一些游泳或冰雪类运动项目的基本技术。如在基本掌握蛙泳或滑冰、滑雪基本技术的基础上，提高相应的速度	单位时间内蛙泳或滑冰、滑雪的距离	测评学生单位时间内蛙泳或滑冰、滑雪的距离
	基本掌握一些简单的武术套路。如能够做出少年拳、地方特色拳种、9～10个简单动作组成的武术套路等	完成所学武术套路动作的连贯程度和表现出的精、气、神	评价学生完成少年拳的质量
	基本掌握一些其他有一定难度的民族民间传统体育活动项目的基本技术。如初步掌握竹竿舞、花样跳绳、抖空竹、踢花毽等项目的基本技术	完成所学动作的正确性、协调性和数量	评价学生花样跳绳的动作质量和数量

此阶段体育课程内容着重强调两点：一是体育课程内容要有一定的难度；二是体育课程内容要有一定的系统性。此阶段体育课程以“运动项目的技术动作组合”为内容，由于多种技能、多种动作形式的学习为我们提供了不同的动作感觉，使神经—肌肉、知觉—动作间的多种联系更为广泛、更为精细①，这便增加了课程内容的难度，如附加规则或者规格的各种方式的跑跳投以及一些运动项目的技术动作。除了让学生完成所学动作的数量或质量，如单位时间内完成身体活动的次数、跑的速度和长度、跳的远度和高度、投的远度和重量等，还要完成所学动作的节奏感、正确性、协调性、身体姿态和动作衔接的连贯性，并且使学生承受一定的运动负荷，既促进学生形成正确的身体形态，又要发展学生的身体素质，为以后掌握和运用运动技术奠定基础。

根据“基本掌握运动项目的技术动作组合”的要求，体育课程内容要有一定的系统性，布置一些球类、体操类、游泳或冰雪类、武术及其他有一定难度的民族民间传统体育活动项目的技术动作组合，以适应此阶段学生运动技术学习能力发展的需要，营造具有一定挑战性的学习氛围，最终既要让学生学会一些运动项目的技术动作组合，又要激励学生发展兴趣，并从兴趣出发，主动学习、乐于学习。

四、水平四：运动技能学习任务

随着初中阶段学生的生长发育、体能增强和体育学习经验的增

① 许崇高．“元动作”及其元认知：论动作的学习过程及其同化模式［J］．西安体育学院学报，2001，18（1）：102－104.

加，他们已经具有学习一些运动项目技术及运用技术的能力①，“基本掌握并运用运动技术”成为该阶段学生的学习目标（表6－4）。该目标要求学生通过该阶段体育课程内容的学习，能够基本掌握并运用田径类、球类、体操类、游泳或冰雪类、武术类及其他较复杂的民族民间传统体育活动项目的技术。

表6－4　学习水平四“掌握运动技能”的目标、内容与要求

学习目标	达到该目标时，学生能够掌握的内容	评价要点	评价方法举例
基本掌握并运用运动技术	基本掌握并运用田径类运动的技术。如基本掌握并运用短跑、中长跑、定向越野、跨栏跑、接力跑、跳远、跳高、投实心球等项目技术	完成所学技术动作的准确性以及速度、远度或高度等	评价学生掌握跳远的助跑、起跳等技术的程度
	基本掌握并运用一些球类运动的技术和简单战术。如基本掌握并运用篮球、排球、足球、羽毛球、乒乓球、网球、毽球、珍珠球和三门球等球类运动项目的技术和简单战术	在比赛中运用所学技战术的熟练程度	评价学生在篮球教学比赛中运球、传球、投篮技术的运用情况，以及对传切配合等战术的熟练程度

① 杨文轩，季浏．义务教育体育与健康课程标准（2011年版）解读［M］．北京：高等教育出版社，2012：101.

续表

学习目标	达到该目标时，学生能够掌握的内容	评价要点	评价方法举例
	基本掌握并运用一些体操类运动项目的技术。如基本掌握并运用器械体操、技巧、健美操、街舞、啦啦操、校园集体舞等运动项目的技术动作与组合动作	完成所学动作的身体姿态、节奏感、协调性、柔韧性、力量和表现力	评价学生完成健美操、以单腿摆越成骑撑和后摆转体 90 度下为主的单杠组合动作、以分腿骑坐和支撑后摆挺身下为主的双杠组合动作等的质量
	基本掌握并运用一些游泳或冰雪类运动项目的技术。如在基本掌握并运用蛙泳或滑冰、滑雪基本技术的基础上，学习并掌握其他泳姿或有一定难度的滑冰、滑雪技术等	对于所学不同泳姿或有一定难度的滑冰、滑雪技术的掌握程度	评价学生完成所学自由泳或者滑冰技术动作的质量
	基本掌握并运用一些武术类运动项目的 1～2 组技术动作组合。如基本掌握并运用 9～10 个动作组成的武术套路等	完成所学武术套路的连贯性、力量及其运用能力	由教师或者体育骨干作为进攻方，观察学生掌握和运用所学防身术的情况

续表

学习目标	达到该目标时，学生能够掌握的内容	评价要点	评价方法举例
	基本掌握并运用一些其他较复杂的民族民间传统体育活动项目的技术。如基本掌握并运用竹竿舞、花样跳绳、抖空竹、踢花毽等项目的基本技术	完成所学动作的正确性、协调性、数量及运用情况	学生相互评价运用踢花毽技术进行课外锻炼的情况

初中阶段体育课程内容突出全面性和针对性两个特征。初中阶段学生的抽象思维能力得到发展，学生的注意力也得到了发展，表现为初中学生对某一事物集中注意的时间有所增加；初中学生正处于较为快速的生长发育阶段，身体方面得到了很好的发展，学生身体活动能力的提高对于他们全面参与体育活动是一个契机①。与之相伴，初中学生对体育的兴趣广泛而趋于稳定，学生各项身体素质的发展全面进入敏感期，身体、心理上已经具备全面学习田径类、球类、体操类、游泳或冰雪类、武术类及其他较复杂的民族民间传统体育运动项目技术的条件。然而，初中阶段课程增多，学生的学业负担逐渐加大，体育课时一般缩减为每周 3 节（45 分钟），体育活动时间有限，在有限的时间内不可能也没有必要将所有的运动技能都教给学生，而是要让学生根据自己对不同运动项目的兴趣自主选择体育课程内容。全面的、丰富的体育课程内容为学生的兴趣选择、

① 邵伟德．运动技术教学衔接性与年龄特征［J］．体育教学，2014（6）：14－17.

技能发展提供更多的余地。选择田径类、球类、体操类、游泳或冰雪类、武术类及其他民族民间传统体育活动项目的运动技能进行学习，既可让学生尽可能较为全面地了解体育文化，也可让学生了解什么样的运动更适合自己，更为自己所喜爱，为培养运动爱好和专长奠定良好的基础①。

初中阶段体育课程目标不仅强调全面学习运动技能，还要求学生运用运动技术，突出体育课程内容的针对性，具体要求如下：一是要针对学生身体素质的全面发展，增大课程的难度、运动负荷，并且强调完成技术动作的准确性、节奏感、表现力、熟练程度以及速度、远度或高度，要让学生通过学习和练习运动技能使体格、体能及身体机能得到全面提高；二是有助于学生度过心理发展的瓶颈期，设置的体育课程内容是学生喜闻乐见的，融于学生的日常生活，适合学生的心理需求，能够激发学生学习和练习运动技能的积极性和主动性，从而使学习与运用相结合，奠定学生终身体育的基础。

五、水平五：运动技能学习任务

高中课程标准规定水平五的学习目标为“提高运动技能的水平”“增强运动技能的运用能力”（表6-5），旨在突出运动技能是高中体育与健康课程内容的主干。高中阶段学生的生长发育高峰期即将完成，学生的体能有了较大程度的发展，如力量、速度、耐力等素质明显提高。此阶段学生刚刚度过心理发展的瓶颈期，学生对体育

① 季浏．论新体育课程中运动技能教什么和如何教的问题［J］．上海体育学院学报，2008，32（1）：62-65.

的兴趣和爱好表现热烈，并趋于恒定。学生的生理、心理条件为全面系统学习运动技能，养成终身体育的习惯打下了良好的基础。因此，高中阶段体育课程特别强调学生在所选择的一至几个运动项目方面进行比较系统和充分的学习，切实提高运动技能水平，形成一定的专长，为学生的某一或某些运动项目的学习、改进、巩固、提高、运用过程提供了可能性，有利于学生学会体育、喜欢体育，养成自觉锻炼身体的习惯，为终身体育打下良好的技能基础，并在此基础上将所学习的运动技能运用到自己的日常生活中去①。

表6－5　学习水平五“掌握运动技能”的目标、内容与要求

学习目标	达到该目标时，学生能够掌握的内容
提高运动技能的水平	提高田径类项目中某些项目（如长跑、跳高等）的运动技能水平（三年内至少必修1学分）
	较好地掌握球类项目中某一或某些项目（如篮球、足球、乒乓球等）的技术与战术
	较好地掌握成套的体操、健美操或舞蹈动作，或掌握健美运动的练习手段和方法
	提高水上或冰雪类项目中某一或某些项目（如蛙泳、滑冰等）的运动技能水平

① 季浏，汪晓赞．高中体育与健康新课程教学法［M］．北京：高等教育出版社，2005：34.

续表

学习目标	达到该目标时，学生能够掌握的内容
增强运动技能的运用能力	提高民族民间体育类项目中某一或某些项目（如有一定难度的武术套路或对练等）的运动技能水平
	提高新兴运动类项目中某一或某些项目（如攀岩、轮滑等）运动技能水平
	参加班内体育比赛或组合、选编运动动作
	自觉运用所掌握的运动技能参加课外体育活动

此阶段“提高运动技能的水平”的要求使体育课程内容的系统性表现得最为显著。体育课程内容的系统性不仅表现为体育课程内容的难度有所提高，还表现为体育课程内容的深度有所加强，体育课程内容不再是支离破碎的单个动作技能或者简单的动作组合，而是由某一运动项目中相对完整的若干内容组成体育课程内容体系，如球类项目中的篮球项目，其内容应该完整地呈现为各种运球突破的技术（急起急停、体前变向、虚晃过人、背后运球等）、各种隐蔽传球的技术（勾手传球、背后传球等）、各种投篮技术（定点投篮、勾手投篮、急停跳投、运球上篮等）、各种基础战术的配合（抢断、快攻、2 打 1、3 打 2、掩护等）、各种防守战术的配合（挤过、绕过、穿过、换防、关门、夹击等）、半场人盯人的基本打法和规则以及全场比赛的方法与规则；水上运动项目中的游泳项目，其内容较为完整地包括蝶泳、仰泳、蛙泳等不同姿势的动作技术，学生通过深入、系统地学习这些不同项目完整的动作技能，能够掌握 1 ~ 2 项

运动技能，作为其终身从事体育锻炼的内容。

此阶段体育课程内容的实用性更为突出，体育课程内容与学生度过余暇时间、激发学生生活热情、充实和丰富学生精神生活的需要相联系，增强运动技能的运用能力，使学生根据个体生活经验和运动知识、技能的积累，自主构建符合自身发展需要的运动知识与技能体系。

《义务教育体育与健康课程标准（2011 年版）》对“运动技能”目标描述为：“在小学阶段，要注重体育游戏学习，发展学生的基本运动能力；在初中阶段，要注重不同项目运动技术的学习和应用，鼓励学生参加多种形式的比赛，逐步增强学生的体育与健康学习能力、安全从事运动的能力，加深对体育运动的理解。”《普通高中体育与健康课程标准（实验）》对高中阶段水平五“运动技能”目标的描述是“提高运动技能的水平，增强运动技能的运用能力”。从个体运动技能的学习规律分析课程标准对各个学段学生运动技能学习的要求可以发现，体育课程内容的设置应该突出：小学低年级阶段——注重体育游戏学习，发展基本运动能力；小学高年级阶段——初步掌握不同运动项目的简单动作技术，提高基本身体活动和完成体育游戏的能力；初中阶段——掌握不同运动项目的技术动作组合，注重不同项日运动技术的应用；高中阶段——系统掌握 1 ~ 2 项运动技术，提高运动技能的水平，增强运动技能的运用能力。

第三节　不同学段体育课程内容——运动技能的设计

通过对体育与健康课程标准中五个学习水平目标与任务的分析可以看出，各个阶段都是以掌握田径类、球类、体操类、游泳或冰雪类、武术类及其他较复杂的民族民间传统体育运动项目的技术为主。本书从六类运动项目中择取部分内容，并根据课程标准对不同学段运动技能掌握与运用的要求，设计出小学、中学（初中、高中）的学段体育课程内容，作为不同学段体育课程内容衔接的示例。在小学阶段，体育课程内容不是以运动项目教学的形式出现，只强调大肌肉动作的发展，并不注重动作技能的精确性，因此，此阶段的体育课程内容较为灵活、多样；初中、高中阶段的体育课程内容形式上基本相同，而对学生的要求并不相同，不同之处主要体现在体育课程内容的教学目标方面。

一、小学体育课程内容的设置

（一）小学运动技能的学习目标

小学低年级运动技能的学习目标为掌握走、跑、跳、投等身体活动的基本练习方法，熟练掌握短距离跑、游泳、跳绳及发展速度、柔韧、协调、灵敏素质的运动项目，发展关节柔韧度、肢体协调性、身体灵活性和平衡能力，养成认真上好体育与健康课的态度，形成正确的身体姿态、合作意识、坚强的意志品质和乐于助人的良好品德。

小学高年级运动技能的学习目标为熟练掌握游泳、跳绳等项目的技术动作，基本掌握一些球类运动项目的技术动作组合、体操类活动的简单技术动作组合、基本掌握一些有一定难度的民族民间传统体育活动项目等，发展上肢力量、心肺功能和一般耐力，发展协调、平衡、灵敏等身体素质。

（二）小学运动技能学习的内容

一年级运动技能学习内容包括30米跑、300～500米走跑交替、立定跳远、各种方式的单双脚跳、广播操、燕式平衡、25米×2往返跑、投掷沙包、30秒并脚跳短绳、劈叉（纵叉、横叉）、仰卧推起成桥、侧手翻、拍球、游泳、乒乓球、羽毛球。

二年级运动技能学习内容包括30米跑、300～500米走跑交替、立定跳远、1分钟左右脚交换跳短绳、广播操、燕式平衡、25米×2往返跑、投掷沙包、劈叉（纵叉、横叉）、仰卧推起成桥、前滚翻、拍球、游泳、乒乓球、羽毛球。

三年级运动技能学习内容包括50米跑、300～500米走跑交替、立定跳远、30秒并脚跳短绳、广播操、燕式平衡、50米×8往返跑、投掷沙包、1分钟左右脚交换跳短绳、劈叉（纵叉、横叉）、仰卧推起成桥、后滚翻、踢毽球、篮球、游泳、乒乓球、羽毛球、武术、跨越式跳高、足球、爬杆（绳）、投掷垒球。

四年级运动技能学习内容包括50米跑、1000～1500米跑走交替、2分钟左右脚交换跳短绳、武术、蹲踞式跳远、爬绳、羽毛球、投掷垒球、乒乓球、毽球、游泳、山羊分腿腾越、足球、篮球、屈体悬垂—倒悬垂、跨越式跳高。

五年级运动技能学习内容包括50米跑、单挂悬垂膝摆上、篮球、武术、跨越式跳高、山羊分腿腾越、足球、乒乓球、投掷垒球、2分钟跳绳、毽球、1500米跑走交替、蹲踞式跳远、羽毛球、游泳、篮球。

六年级运动技能学习内容包括50米跑、分腿腾越山羊、单挂悬垂膝摆上、篮球、武术、跨越式跳高、足球、乒乓球、投掷垒球、3分钟跳绳、踢网毽、1000米（男）/800米（女）持续跑、蹲踞式跳远、羽毛球、游泳、篮球、单杠（跳上成支撑、后摆下）、原地侧身推实心球。

（三）各种运动技能设置目标及依据

1. 30米跑、50米跑、25米×2往返跑、50米×8往返跑

设置目标为使学生能够运用正确的身体姿势完成练习，发展快速奔跑的能力和跑动过程中上、下肢的协调性。

设置依据如下：发展速度素质是小学低年级的重要教学内容，有研究发现，5~8岁的儿童在14岁之前，他们的短跑和往返跑方面的进步非常快，而且跑步动作的稳定性随着年龄的增加而提高。在发展了成熟的奔跑模式之后，儿童跑步的速度会提高得很快[①]。随年级升高，此类运动技能的距离逐渐变长，既是对学生运动能力逐渐提高要求，也是为了适应学生的接受能力。学习30米、50米短距离

① Greg Payne，耿培新，梁国立．人类动作发展概论［M］．北京：人民教育出版社，2008：243－244.

快速跑和25米×2往返跑、50米×8往返跑可以重点发展学生的反应速度、运动速度和位移速度，发展快速奔跑能力，提高机体的无氧代谢耐力，发展腿部肌肉力量，发展上下肢的协调能力和身体平衡能力。同时，在练习和比赛中能够培养竞争意识，体验快速跑的乐趣。

2. 300~500米、1000~1500米走跑交替

设置目标为使学生体验走和跑之间的转换方法和身体动作感受，能做到走跑过程中摆臂和腿部动作协调，呼吸自然；发展学生的一般耐力。

设置依据如下：走和跑是最典型、最基础、最基本、粗线条的身体活动动作，主要以大肌肉群控制下的共性动作形式存在于生活和运动项目之中[①]。走和跑两种步态的特征是由不同的相对时间结构来限定的，走和跑两种步态代表了在3~6千米/时和10~12千米/时速度阶段保持稳定的两种状态[②]，走跑交替把两种步态结合在一起。走跑交替既是培养学生正确跑、走身体姿势的有效形式，也是构建和形成复杂的跑、走动作或运动技能的基础，它能够渐进式地让学生接受复杂的跑、走动作技能，不至于因跑或走的单一练习而丧失运动兴趣。此外，该内容把有氧运动、无氧运动相结合，既能够培养学生正确的行走姿态，发展奔跑速度，又能够促进学生一般耐力的发展。

---

① 龚朝晖．对基本身体活动动作含义的初步考察与研究［J］．体育教学，2014（9）：60－61.

② Richard A. Magill. 运动技能学习与控制［M］．张忠秋，等译．北京：中国轻工业出版社，2006：70.

3. 各种方式的单双脚跳、立定跳远、蹲踞式跳远、跨越式跳高

设置目标为使学生基本掌握跳的方法，发展弹跳力，提高身体的协调性、灵敏性。

设置依据如下：有研究发现，儿童的跳跃动作在 2 岁时已经出现，尽管年龄在 3 ~7 岁的儿童腿部动作发展比手臂动作快，但他们的跳跃动作却是需要较长时间才能达到成熟的一项动作技能[①]。因此，跳跃动作是田径项目中最常见的内容，小学可能开设有各种方式的单双脚跳、立定跳远、蹲踞式跳远等内容，到了初中甚至高中还有可能开设立定跳远、蹲踞式跳远、跨越式跳高等内容，各个学段的课程内容虽然相同，但对完成动作的质量要求会随着学生年龄和学段增长而有所提高。

4. 30 秒或 1 分钟并脚跳绳、1 分钟或 2 分钟左右腿交换跳短绳学习

设置目标为使学生掌握跳绳的方法，培养良好的身体姿态和节奏感，发展身体的协调能力和弹跳力，增强心肺功能。

设置依据如下：跳绳是一种传统的、趣味性的课程内容，跳绳过程中通过持续的下肢跳跃与上肢的摇绳，可以提高上下肢的力量和身体的灵敏素质，同时还提高了上下肢的协调配合能力，形成一系列的良性循环和刺激（跳绳次数的提高，完成各种跳绳能力的提高，比赛的名次，同伴协调配合能力的完善，等等），促使学生心情愉快，体能明显提高，也激发了学生训练的兴趣与积极性，同时，

---

① Greg Payne，耿培新，梁国立．人类动作发展概论［M］．北京：人民教育出版社，2008：248 –249.

跳绳游戏与跳绳比赛，可以培养同学间团结拼搏的精神①。儿童到了6岁时，腿部力量和协调能力得到提高，动作开始变得稳定②。反复的“跳—摇绳”动作练习，能够使动作更加熟练，促进腿部力量的增强和身体协调能力的发展，同时也能够增强学生的心肺功能。

5. 投掷沙包、投掷垒球、原地侧身推实心球

设置目标为使学生能用正确的姿势完成投掷沙包的技术动作，发展上肢力量和身体用力的协调能力。

设置依据如下：投掷动作是一项复杂的大肌肉群动作技能，投掷时需要身体不同部位相互协调用力，并在复杂的生物力学原理支配下，将肌肉收缩产生的力量传递作用于球。有研究发现，60%的男女儿童在5~7岁已经达到投掷动作技能水平的成熟层次③，7岁以后，随着年龄的增长，小学生投掷动作能力不断发展。而且熟练掌握技术动作的儿童的投掷距离要超过动作技术不完善的儿童。因此，小学阶段投掷教学的任务是教会学生正确的技术动作。利用发展儿童投掷动作技术的黄金期，经过投掷的单个动作、组合动作、技术动作和技能动作完整、有序的教学，教会学生掌握正确的投掷动作技术，对于提高学生投掷的距离和精准度都是非常有意义的。

---

① 张淑芬．利用跳绳提高女大学生800米跑的成绩［J］．浙江师范大学学报（自然科学版），2005，28（2）：235－237.

② 李静．山东省3～10岁儿童动作发展研究［J］．山东体育学院学报，2009，25（4）：47－50.

③ Greg Payne，耿培新，梁国立．人类动作发展概论［M］．北京：人民教育出版社，2008：201.

6. 广播体操、韵律操

设置目标为使学生在音乐的伴奏下完成所学广播体操、韵律操动作，发展身体的协调性、灵活性、节奏感。

设置依据如下：小学生广播体操、韵律操以基本体操动作为基础，吸收了部分舞蹈动作，以优美动听的音乐伴以形象的身体动作激发和调动学生学操、做操的情趣。广播体操、韵律操动作舒展大方，形象生动，能够满足小学生活泼好动、爱探索、好奇、表现欲强的心理特点，同时能通过广播体操、韵律操发展学生的身体协调性、灵活性及培养学生正确的身体姿态和良好的乐感，以及通过学习强化学生的注意和动作记忆，提高动作学习能力。但是，广播体操、韵律操动作多，变动快，学生有意注意和动作记忆时间有限，不可避免出现动作学习困难。因此，仍需要运用视觉表象和语言标签，把一套复杂的动作组织成有意义的单元、有目的的记忆[①]，促进学生掌握动作技术。

7. 其　他

劈叉、仰卧推起成桥是为了发展学生的身体协调性、柔韧性、关节灵活性。侧手翻、前滚翻、后滚翻是为了发展学生的身体平衡能力、协调性，培养机智、果断、勇敢的意志品质。拍球、乒乓球（原地颠球）、羽毛球（正反手颠球）是为了培养球感、激发兴趣、发展身体基本活动能力的内容，如本体感知觉能力、手眼协调能力

---

① Richard A. Magill. 运动技能学习与控制［M］. 张忠秋，等译. 北京：中国轻工业出版社，2006：183.

等。游泳（水中浮体、水中滑行、蛙泳）、乒乓球（对墙推挡球、平推与推挡、推挡与正手攻球）、羽毛球（正手发球、正手后场击打高远球、反手后场击打高远球）等项目的单个动作技术的学习，都是为后续掌握运动项目的技术动作组合，提高运动技能的水平，增强运动技能的运用能力做足准备。

二、中学体育课程内容的设置

（一）中学体操类项目

1. 中学体操类项目的教学内容

基本体操教学内容包括队列和体操队形、中学生广播体操、徒手操成套动作、徒手体操基本动作、轻器械体操、攀爬等实用技能。

技巧运动教学内容包括滚动、滚翻、腾起、旋转、头手翻、手翻等翻转型动作；平衡型动作有卧撑、劈腿、桥、平衡、倒立、扶持、悬垂、支撑、水平和集体项目。

支撑跳跃教学内容包括分腿腾越、屈腿腾越、侧腾越和学生自选的支撑跳跃练习。

单杠教学内容包括单腿蹬地翻身上，挂膝摆动上，支撑—单腿摆越成骑撑—还原成支撑，支撑后摆挺身下，挂膝后回环一周半成挂膝悬垂。

双杠教学内容包括在一条杠或两条杠上的移动。有支撑摆动，分腿坐前进，外侧坐两杠直角下，支撑前摆下，支撑后摆转体 180 度成分腿坐，支撑后摆挺身下；组合动作有：杠端跳上分腿坐—前进一次摆动成外侧坐—越两杠直角下，杠端跳上分腿坐—前进一次经摆动成分腿坐—杠前撑杠并腿后摆，进杠前摆—后摆转体180度成分腿坐—弹杠并腿前摆，进杠—支撑后摆挺身下。

2. 中学体操项目的教学目标

初中阶段的学习目标为使学生了解体操的意义和功能，引导学生学习和掌握基本体操、技巧运动、支撑跳跃、单杠、双杠的基本知识和技术；发展身体的灵活、协调、稳定和定向的能力，提高力量和柔韧素质，树立安全意识，培养自练习惯；提高学生心理素质，培养勇敢精神和顽强意志。

高中阶段的学习目标为使学生掌握并能够应用基本体操、技巧运动、支撑跳跃、单杠、双杠的成套动作；提高动作质量，增强动作力量，发展动作的创新能力，提高身体的灵活、协调、稳定和控制能力，树立安全意识，培养自练习惯；提高学生心理素质，培养合作意识、勇敢精神和顽强意志。

（二）中学球类（足球）运动项目

1. 中学足球运动项目的主要教学内容

中学足球运动项目的主要教学内容如下：足球运动的基础知识；熟悉球性的各种练习（颠球和推、拉、拨、挑、扣、踩等）；学习踢球（脚内侧踢球、脚背内侧踢球、脚背正面踢球和脚背外侧踢球）、停球（脚内侧停地滚球、反弹球和空中球，脚背外侧停地滚球和反弹球，脚背正面停空中球，大腿停球，胸部停球）、运球（脚背内侧运球和脚背外侧运球）、抢截球（正面抢截和侧面抢截）、头顶球

（原地正面前额顶球和跳起正面前额顶球）、掷界外球和组合技术（传—接组合技术；传—射组合技术；传—接—射组合技术；传—接—运—射组合技术）等几项主要的足球基本技术；学习简单的个人进攻和防守的战术，以及“二过一”“三打二”等简单局部战术；教学比赛。

2. 中学足球项目的教学目标

初中阶段的学习目标为使学生初步了解足球运动的基础知识，通过多种多样的游戏形式，引导学生初步掌握足球的几项基本技术和简单战术；通过足球运动发展学生的奔跑能力、速度、力量、耐力、灵敏等身体素质，全面发展学生的体能；通过足球游戏和教学比赛等形式，掌握简单的足球比赛规则，并在活动中培养学生对足球运动的兴趣和爱好，培养学生良好的合作意识、稳定的心理品质和较强的社会适应能力。

高中阶段的学习目标为使学生了解足球运动的基础知识，通过教学，使学生掌握并能够应用足球的技术和战术，熟悉足球比赛的规则，发展动作技术创新能力；通过足球活动，提高学生的奔跑能力、速度、力量、耐力、灵敏等身体素质，增强学生的体能；在足球活动中培养学生对足球运动的兴趣和爱好，培养学生良好的合作意识、稳定的心理品质和较强的社会适应能力。

（三）中学武术项目

1. 中学武术项目的主要教学内容

初中武术教学内容是基本功（肩、臂、腰、腿、手、步以及跳跃、平衡等)、简单的组合动作（五步拳)、简单的套路（少年拳）和简单的对练。高中武术教学内容是套路（初级长拳、太极拳、棍术、刀术和剑术)。

2. 中学武术项目的教学目标

初中阶段的学习目标为使学生了解武术的特点及其在中华民族历史发展中的作用，培养学生学习武术的兴趣；引导学生掌握武术的基本动作、简单的组合动作，发展学生的柔韧、灵敏、速度、力量等身体素质；培养勇敢顽强、机智果断的心理品质，增强学生的民族自豪感和爱国主义情怀。

高中阶段的学习目标为使学生掌握具有一定难度的武术套路，提高动作质量，增强动作力量，发展动作技术的创新能力，提高身体的灵活、协调、稳定和控制能力；培养学生勤学苦练的学习态度，加强学生的武德修养，增强学生的民族自豪感和爱国主义情怀。

第四节　不同学段相同运动项目（田径）的设置

田径项目的动作技术由走、跑、跳、投四个身体活动的基本动作组成，掌握田径项目的动作技术对其他各项技术的发展和成绩的提高起着良好的促进作用。以走、跑、跳、投为主题的身体活动形式非常多样，如以跳为主题的活动形式就表现为原地跳、助跑跳、连续跳、徒手跳、负重跳、障碍跳、直腿跳、跳深、跳高、跳远、跨步跳、立定跳、多级跳、跳台阶及各种组合性跳跃等，各种形式的身体活动和动作技术组合成田径项目，使田径项目的内容更为广泛、丰富，且适应性广。所以，田径运动一直是中小学体育课程的主要内容。

本节试图根据田径项目动作技术表现出来的“竞”“技”特点，结合不同学段学生身心发展的规律和体育课程目标对田径项目教学内容的要求，构建小学、初中、高中分别对应的低竞低技、低竞高技、高竞高技的课程内容。

一、小学田径教学内容的设置

（一）小学低年级田径教学的目标与内容

小学低年级田径教学设置的目标为通过田径教学，培养学生正确的走路姿势；使学生掌握快速跑的基本技术，发展学生的快速奔跑能力；掌握双脚跳、单脚跳的基本方法，发展学生的弹跳能力；初步掌握投掷轻物的基本技术动作，熟悉投掷的用力顺序。

小学低年级田径教学内容包括以下四个方面。①走：直线走、弯道走、踏步走、正步走、大步走、小步走、快步走、前交叉步走、侧交叉步走、弓步走、弹性步走、直腿走、退步走、滑步走以及不同距离走（400 米走、600 米走）、闭目走、走平衡木、两人三足走等。通过实施“走”的内容，培养学生正确的走路姿态，上体正直，挺胸，双目平视前方，两臂自然前后摆动，两脚交替前迈，脚跟先着地，然后过渡到前脚掌。在此基础上，拓展“走”的内容，开展各种“走”的游戏教学，培养学生的身体平衡、协调能力和合作能力。②跑：听（看）信号跑、慢速放松跑、变换节奏跑、匀速跑、蛇形跑、跑“8”字、往返跑、1 分钟（3 分钟、5 分钟）定时跑、不同距离（400 米、800 米）走跑交替、跑跳交替、追逐跑、变向跑、上下坡跑、障碍跑、短距离的跑（30 米跑、50 米跑）、合作跑以及各种追逐游戏，如长江黄河、贴烧饼、穿过火力网等。通过实施“跑”的内容，使学生掌握各种跑的技术，快速跑时两脚用力充分后蹬，摆动腿向前积极摆动，两臂积极前后摆动，跑成直线。在掌握基本的跑动技术基础上，发展学生的快速跑动能力，培养学生进行各种跑的游戏方法和能力，以此发展学生的反应灵敏性、肢体协调性。③跳：原地跳、助跑跳、连续跳、蹲跳、负重跳、障碍跳、直腿跳、跳深、跨步跳、跑跳交替、多级跳、跳绳、障碍跳、跳皮筋、跳台阶以及开合跳、马跳、鹿跳、青蛙跳、袋鼠跳带有技巧性的各种跳跃等。通过实施“跳”的内容，使学生掌握各种跳的技术，体会前脚掌用力蹬地跳出、落地缓冲、手臂配合自然摆动等环节的动作技术，能够跳过一定的高度、远度。初步掌握各种带有技巧性的跳跃动作技术，发展弹跳力以及上下肢协调配合的能力。④投：投掷轻物（纸飞机、小布球、小皮球等）、抛投实心球、掷飞盘、掷飞镖、投掷垒球以及球类的高抛等。通过实施“投”的内容，使学生掌握正确的投掷方法，体会手臂向身体后方引伸、屈肘、挥臂等系列动作的发力顺序。在各种投掷游戏中，掌握投掷各个环节动作技术的连贯、协调性，发展投准、掷远的能力。

小学低年级田径教学以发展学生身体基本活动能力为主要目标，辅之以愉快的走、跑、跳、投各种游戏，教学内容属于低竞低技类别，教学内容的难度和运动量都不宜过大，让学生能够体验、感受走、跑、跳、投简单的身体练习和各种游戏带来的快乐，并在玩乐的同时，掌握走、跑、跳、投的各种基本技术。

（二）小学高年级田径教学的目标与内容

小学高年级田径教学设置的目标为通过田径教学，使学生基本掌握跑、跳、投相关内容的技术动作，掌握具有一定难度的基本身体活动方法，发展学生的快速奔跑能力、弹跳能力和投准掷远能力。

小学高年级田径教学内容包括以下四个方面。①具有规则、规格要求的跑、跳、投：50 米跑、100 米跑、50 米×8 往返跑、立定跳远、蹲踞式跳远、纵跳摸高、跨越式跳高、投掷垒球、投掷实心球等。通过具有规则、规格要求的跑、跳、投练习，使学生学习并掌握正确的跑、跳、投动作技术，了解田径项目的练习内容与形式的多样性及其锻炼价值。②跑、跳、投专项辅助练习内容：高抬腿跑、小步跑、交叉步跑、后蹬跑、跨越障碍跑、负重跑、跨步跳、团身跳、多级蛙跳、半蹲跳、1 分钟俯卧撑、上步投掷沙包等。通过多种形式的跑、跳、投专项辅助练习内容，强化动作技术和技巧，使学生掌握正确的跑、跳、投用力顺序和方法。③突出动作技巧的跑、跳、投练习内容：起跑、加速跑、途中跑、弯道跑、往返跑、跨越横杆（跨越式跳高）、助跑起跳（跳远）、跨越障碍、侧向投掷实心球、正向投掷垒球、跳绳、跳皮筋、跳山羊、踢毽子、爬杆（绳）等。通过跑、跳、投关键动作技术的练习，提高学生的学习能力，使学生掌握一些难度较大、具有挑战性的单个动作技术。④与其他项目结合的跑、跳、投：投篮（篮球）、传接球（篮球、足球）、踢球（足球）、发球（排球）、击打高远球（羽毛球）、运球跑（足球、篮球）、定点跳投（篮球）等。通过与其他项目结合的跑、跳、投内容的练习，提高跑、跳、投动作技术的应用能力，使学生掌握一些运动项目的简单动作技术。

小学高年级田径教学内容属于低竞低技区间，对动作规格的要求并不十分严格，以大肌肉活动内容为主，注重动作技术顺序的理解和掌握。专项辅助内容的练习、关键动作技术的学习以及与其他项目结合的身体练习，有助于学生掌握具有规则、规格要求的跑、跳、投技术，同时有助于跑、跳、投动作技术向其他项目迁移，提高跑、跳、投技术的应用性。此阶段内容难度、身体活动强度都比低年级阶段有所增加，重点发展学生的反应速度、位移速度和弹跳力、上肢肌肉力量、身体协调性，让学生体验、感受通过掌握走、跑、跳、投技术带来的运动乐趣。

二、初中田径教学内容的设置

初中田径教学设置的目标为通过田径类项目的教学，使学生掌握一些基本的田径类运动项目的技术，建立正确的技术概念，提高运动技术的质量；并通过反复的练习，提高动作技能的熟练程度，全面发展身体素质。

初中田径教学内容包括以下四个方面。①跑：短跑（50 米、100 米、200 米）、中长跑（女生 800 米、男生 1000 米）、接力跑（4 ×100 米）、跨栏跑（女生 80 米低栏、男生 100 米低栏）以及与之相关的不同姿势起跑、冲刺、交接棒、攻栏提拉等动作技术。通过实施“跑”的内容，使学生建立正确的技术概念，提高动作效果，合理分配体能，能够流畅、连贯、快速、有节奏地跑完全程。②跳：跳高（跨越式）、跳远（蹲踞式）、三级跳远以及与之相关的助跑、起跳、腾空、落地等动作技术。通过实施“跳”的内容，使学生初步掌握快速助跑与大力踏跳相结合的技术，领会各种“跳”的技术重点，提高动作质量，有节奏地完成跳跃动作。③投：推铅球（原地）、掷实心球（原地双手头上前抛）以及与之相关的持球、出手、拨球等动作技术。通过实施“投”的内容，使学生掌握正确的握持器材的方法，能够用合理的动作，通过全身的协调用力，快速、连贯地掷出器械。

初中阶段学生正处于身体素质发展的敏感期，是全面学习动作技能的最佳时机，因此，应该以运动技术教学为重点，使学生掌握各种跑、跳、投动作技术。此阶段田径项目动作技术的难度大为提高，需要通过反复练习才能够掌握，才能提高学生田径运动能力和综合素质的发展，满足学生挑战自我的需要。此阶段学生处于心理发展的瓶颈期，自我意识较强，敏感、害羞、胆怯，大部分学生不喜欢与人竞争，因此，田径教学内容主要是以自练为主，强调个人动作技术的发展、完善。

设置初中阶段田径内容时，需要适当精简田径教学内容，其原因主要在于以下两点：第一，初中阶段学生正处于体育兴趣的大发展时期，且多元的运动兴趣正在寻求定向，田径教学内容安排过多就会挤占其他运动项目学习的时间和空间，同时也会限制学生的兴趣发展，因此，需要适当紧缩田径教学内容，为学生根据自己的兴趣选择其他运动项目以及发展运动专长留足空间；第二，接受过小学阶段的田径项目的教学，学生已经具备从事田径运动的基本技术，没有必要再设置像小学阶段那样泛化的田径教学内容，如果初中阶段田径教学内容的技术含量过低，就会使课程内容陷入低水平的重复状态，这样就不利于调动学生学习的积极性，不利于初中学生掌握田径项目的关键技术，因此，少而精的田径教学内容，可使教学重点更加突出，有利于学生用最少的时间学习到最关键的技术。

三、高中田径教学内容的设置

高中田径教学设置的目标为通过田径教学，使学生巩固和提高跑、跳、投相关内容的技能水平，能在比赛中运用所学田径项目技战术；拓展跑、跳、投相关内容，促进其与学生日常生活相融合，发展学生的身体素质，培养学生终身体育能力。

高中田径教学的内容包括两大部分。①基本跑、跳、投技术：短跑、中长跑、接力跑、跨栏跑、跳高、跳远、三级跳远、推铅球、掷标枪、掷铁饼等。通过实施各种跑、跳、投的内容，可以较大程度地提高学生的运动技术水平，全面增强身体素质。②拓展跑、跳、投技术：攀岩、跑酷、定向越野等新兴运动项目活动内容。通过拓展各种跑、跳、投技术，使学生运动技术水平得到提升，运动兴趣得到发展，全面发展身体素质，培养终身体育能力。

后 记

在本书即将付梓出版之际，说几句“不得不说”的话。

这本书存在不少缺憾。一是理论研究明显滞后于实践发展。本书以中小学体育课程改革为背景，但近年来义务教育阶段和高中阶段的体育与健康课程标准陆续实施，研究背景、对象发生了较大变化，而本书涉及的理论研究依然没有触及新的问题。二是操作难度大。体育课程内容以运动技术为载体，突出运动技术的发展应该是本书的核心，而运动项目如此繁多，每一种运动项目都有其独特性，究竟可以安排哪些运动项目或运动技术编入教材，并且使它们编入教材后不发生低水平重复现象，至今仍无定论，这一难题仍将困扰着理论研究和教学实践，也制约着本研究的深入。三是举证困难。中小学体育课程内容的学段衔接跨小学、初中、高中三个学段，研究成果的检验需要时间。

这本书饱含大家的辛劳。特别感谢我的导师杨文轩教授在我攻读博士学位期间给予的辛勤培养和指导，他从校正我的研究思路和观点入手，指引着我从思维狭隘中走出，还降下我的浮躁，让我静心思考当前体育课程改革过程中的问题，为本书的写作明确了思路和方向。感谢邓星华教授，他是我攻读博士学位期间的第二导师，亦师、亦长、亦友。谈学术，他高度认真；论生活，他亲切随和。

本书的选题、写作、修改过程中凝聚着邓老师的高度关注和亲切指导。感谢各位前人，书中引用了不少各方观点和专家论述，他们为我的写作提供了厚实的理论支撑。

最后，还要感谢一直以来支持我、厚爱我的老师们、学生们、同事们、家人们，他们鼓励我写作，热切期盼着本书的出版。感谢北京体育大学出版社的王英峰老师及为本书修正、排版做出大量工作的各位老师，在他们的支持下，才使我的拙作得以面世。感谢我的工作单位——岭南师范学院，将本书纳入出版计划，保障我的研究和“炫耀”成果。

由于个人写作水平有限，书中定然存在不足之处，期待各位专家、学人批评指正，为我的后续研究明确方向。

梁立启

2019 年 8 月 6 日